地大印记系列丛书

中国地质大学
登山图史

帅 斌　苏玉微　董 范　编著

ZHONGGUO DIZHI DAXUE DENGSHAN TUSHI

中国地质大学出版社
ZHONGGUO DIZHI DAXUE CHUBANSHE

《中国地质大学登山图史》编委会

主　任	傅安洲　　赖旭龙
副主任	董　范　　帅　斌
主　编	帅　斌　　苏玉微　　董　范
副主编	王根发　　朱　丹　　王雪雪　　牛小洪

编　委（以姓氏首字母排序）

包德清　蔡　文　常洪标　陈　晨　陈　刚
次　落　丛　珍　付应平　高　琳　郭　兴
郭铁鹰　何鹏飞　胡燕生　李　元　李致新
梁定益　刘　超　刘　锐　刘　翔　刘　欣
刘亚非　刘治国　马欣祥　毛星秀　庞　岚
宋　红　童　宇　王　方　王国灿　王新刚
王勇峰　王云龙　韦念龙　谢漪珊　杨巍然
于良璞　袁　扬　张　瑜　张志坚　赵亚婷
赵玉燕　郑　超

序 一

2012年5月19日8时16分,中国地质大学登山队的健儿们团结协作、顽强拼搏,从北坡登顶珠穆朗玛峰,成为我国第一支登上世界最高峰的大学登山队。当天晚上,时任国务院总理温家宝校友回母校看望师生,并向学校表示祝贺,向登山队员表示祝贺。他强调:"这给我们一个重要的启示,那就是只要不畏艰苦和挫折,就一定能够达到光辉的顶点,这应该是我们的传统。"

登山是一项无需人为设置竞赛规则的、"纯净"的体育项目之一。人类通过登山,磨炼心力、考验耐力、锻炼体力,领略"无限风光在险峰"之美,感悟人与自然和谐共生之道,体验不断突破、自我超越之喜。地质工作与登山运动血脉相连、精神相通,基于专业学科的需要,地大人时常同山岳为伴、与百川对话,登山是我们的必备技能,登山运动已成为我校的传统优势项目和办学特色。正因如此,一部辉煌的中国登山史,从开篇到现在至将来,必然满布我校师生和校友的足迹。

1960年,校友王富洲实现了人类历史上首次从北坡登顶珠峰的壮举。20世纪八九十年代,中国登山界"双子星"——校友李致新、王勇峰历时十一载成功将中国人的名字写进了世界七大洲最高峰的攀登史册。其后,次落和陈晨先后成为我国第一个登顶珠峰的在校大学生和在校女大学生。2008年北京奥运圣火珠峰传递活动中,袁复栋代表全国大学生在顶峰完成火炬传递任务,同时登顶的还有我校三位校友。2012年,学校登山队登顶珠峰,成为第一支登上世界之巅的大学登山队。其后4年,他们历时1756天,"丈量"了地球上12万千米的距离,完成登顶世界七大洲最高峰并徒步抵达南、北两极点的极限挑战,成为世界上第一支独立组队并完成"7+2"登山科考的大学登山队。2020年,12位地大人参与了国家组织的珠峰高程测量活动……20世纪50年代至今,学校的登山经验不断积累,登山与组织能力、独立自主性以及在重大国家行动中的贡献力不断提升。

中国地质大学被誉为中国登山界的"黄埔军校",为国家输送了7000多名优秀的登山运动员,培养了一大批登山运动健将和管理精英,他们成为支撑中国登山界的脊梁人物:王富洲、彭淑力、石竞、袁扬、王贵华、丛珍、王洪宝、李致新、王勇峰、佟璐、次落、袁复栋、董范、德庆欧珠、次仁旦达、陈晨、张瑜、高琳……除了登顶的攀登者外,还有众多地大人甘为人梯,承担修路、运输、救助等工作,以"登山必须有我,登顶不必在我"的团队精神和牺牲精神助力队友登达顶峰,我们同样为他们喝彩、感动、骄傲!

1958年4月8日，贺龙在中华人民共和国国家体育运动委员会（简称"国家体委"）主持召开登山运动座谈会时强调：登山运动要为国家经济建设、国防建设服务，登山队应该是一支科学考察队伍。学校始终牢记这一指示，严格贯彻登山科考两翼并进的原则。以郭铁鹰、梁定益、李德威、王国灿、陈刚等为代表的地大教师，穿越戈壁沙漠，鏖战雪域高原，执尺天涯绘经纬，铿锵足迹量山河，在人迹罕至甚至无人区坚持高海拔科考，为我国基础地质研究、矿产资源勘查、地质灾害防治和生态环境保护等做出了重要贡献。

山高人为峰，登极志更高。地大攀登者在长期的探索中，形成了"扎根中国、胸怀天下、勇攀高峰、追求卓越"的登山精神，它已注入了地大人的血脉，成为地大精神谱系的耀眼硬核。

建校70年来，学校始终与祖国的地质和教育事业同呼吸、共命运。1952年，应国之所需，北京地质学院成立，为国家找矿培养高级专门人才。1969年，响应国家号召南迁，困境中不忘育人初心，排除万难传承赓续中国地学学脉，形成了"胸怀大局、初心如磐、艰苦创业、勇攀高峰"的南迁精神。定址武汉后，浸润在"敢为天下先"的荆楚文化中，使得"艰苦朴素、求真务实"的校训精神同"敢为人先、追求卓越"的武汉精神水乳交融。时至今日，学校锚定"美丽中国、宜居地球"为主题的地球科学领域国际知名研究型大学建设战略目标。可以说，地大人一直用行动诠释和践行着"扎根中国、胸怀天下、勇攀高峰、追求卓越"的登山精神，它也将继续激励地大人怀揣"会当凌绝顶"的宏大目标，"无坚不可摧"的强大意志，"山高人为峰"的精神境界和尊重规律、道法自然的内心敬畏，努力攀登地球科学领域世界一流大学的高峰。

矢志巅峰，永不止步！

谨以此书再现地大登山科考历史，缅怀先驱者，记录前行者，激励后来者。

中国科学院院士
中国地质大学（武汉）校长
2022年3月

序 二

母校的情怀与荣光

母校中国地质大学即将迎来建校70周年,母校登山队从1958年成立至今已60余载。地大攀登者走过了一条艰辛的荆棘之路,同时也是一条璀璨的光荣之路。

60多年前,我的前辈、校友彭淑力参加了我国第一支登山队"中华全国总工会登山队"攀登秦岭主峰太白山的活动并成功登顶,从此拉开了中国现代登山运动的序幕。1958年,北京地质学院组建了我国第一支基层登山队——北京地质学院登山队,开启了组织严密、目标明确、登山科考两翼结合的探索发展新阶段。1960年5月25日,校友王富洲同队友贡布、屈银华登顶世界最高峰珠穆朗玛峰,中国人的足迹第一次延伸到世界之巅,同时也实现了人类第一次从北坡成功登顶珠峰的夙愿,创造了世界登山史上的壮举。登山前辈们当年历经的艰险远非我们现在所能想象,但登山的意义对每一位服务国家需要、勇于自我超越的人都是一样的,勇攀高峰的精神在地大薪火相传、历久弥新。

1988年,我参加中日尼联合登山队双跨珠峰的活动,有幸登顶。1993年,我的搭档王勇峰以惊人的毅力抵达世界之巅,至1999年我们携手完成了登顶世界七大洲最高峰的梦想。1998年,次落单枪匹马挑战珠峰并成功登顶。2008年,"地大军团"助力奥运圣火在珠峰传递,登临地球第三极,在校生袁复栋首登世界之巅,王勇峰、次落再次问鼎珠峰。2012年,中国地质大学登山队为庆祝建校60周年,独立攀登世界之巅,成为第一支登顶珠峰的大学登山队。2012—2016年,中国地质大学登山队完成攀登世界七大洲最高峰并徒步抵达南、北两极点的壮举,成为世界上第一支独立组队并完成"7+2"登山科考的大学登山队。2020年,"地大军团"再展雄风,助力国家圆满完成珠峰高程测量任务……

可以说，中国地质大学登山史几乎与国家登山运动发展同向同步同行。2012年母校荣获"中国登山事业发展特别贡献奖"，代表了中国登山协会对学校登山队及其助力国家登山事业发展的高度认可。在70年的办学历程中，一代代地大师生，以"无高不可攀、无坚不可摧"的英雄气概攀登了一座又一座高山与险峰，完成了一次又一次探险与科考。巅峰之路无坦途，在通向顶峰的途中他们也曾迷失方向、坠入裂缝，被风雪冻伤、被雪崩掩埋，但他们愈挫愈勇、矢志巅峰、永不止步，用汗水乃至血水刷新了一个个既往纪录。细数学校登山发展历程中感人至深的精彩瞬间，我心中感慨良多，充满了对登山前辈的钦佩之情和对母校登山事业发展的自豪之感。

潮平两岸阔，风正一帆悬。站在新的历史起点上，衷心祝愿母校能发扬传统，再创辉煌。希望地大攀登者能秉承艰苦朴素、求真务实的光荣传统，发扬不畏艰险、顽强拼搏、团结协作、勇攀高峰的登山精神，锐意进取，攻坚克难，勇攀科学和人生的新高峰。

中国登山协会主席
2022年3月

目 录

第一部分 勇毅穿岁月,足迹印巅峰 ……001
01 积淀探索 ……005

— 第一阶段概述 —

起步很早,积极探索积淀 ……005

高度重视,广泛普及推广 ……007

地质特色,登山科考结合 ……009

— 登山科考活动 — ……011

参与国家行动 ……011

 1956年4月25日 太白山 ……011

 1956年7月31日 慕士塔格峰 ……014

 1958年5月3日 镜铁山 ……018

 1958年8月10—11日 七一冰川 ……020

 1958年9月7—8日 苏联列宁峰、莫斯科-北京峰 …021

 1959年7月7日 慕士塔格峰 ……025

 1960年5月25日 珠穆朗玛峰 ……029

 1961年6月17日 公格尔九别峰 ……043

 1964年5月2日 希夏邦马峰 ……046

独立组队行动 ……050

 1958年12月20日 七一冰川 ……050

1959年5月28日　太白山 …………………052
1960年6月2日　阿尼玛卿Ⅱ峰 …………054
1964年5月　玉龙雪山 ……………………059
1965年7月　雀儿山 ………………………060

02 发展开拓 …………………………………061

― 第二阶段概述 ―

走出困顿，重振雄风扬帆续航 ……………061
改革开放，国际合作携手登高 ……………063
锦上添花，攀岩运动发展迅速 ……………064
鏖战高原，青藏科考成果丰硕 ……………067

― 登山科考活动 ― ……………………………071

参与国家行动 ………………………………071

1975年5月27日　珠穆朗玛峰 …………071
1984年9月12—14日　阿尼玛卿Ⅱ峰 …074
1985年5月26—28日　纳木那尼峰 ……078
1996年10月7日　穷母岗日峰 …………082
1998年5月24日　珠穆朗玛峰 …………084
2008年5月8日　珠穆朗玛峰 ……………088

独立组队/强强联合行动 ……………………094

1984年6月10日　阿尼玛卿Ⅲ峰 ………094
1988年9月24—25日　雀儿山 …………095
1997年9月　希夏邦马峰 …………………100
2002年6月4日　格拉丹东峰（长江源科考）……103
2006年9月7—8日　玉珠峰 ……………105

2008年10月2日　卓奥友峰 …… 107

2009年11月5—7日　若尼Ⅱ峰 …… 110

03 走向世界 …… 113

— 第三阶段概述 —

迈出国门,挑战地球九极 …… 113

独立组队,自主勇攀高峰 …… 114

提升质量,强化人才培养 …… 115

齐头并进,攀岩再创佳绩 …… 116

— 登山科考活动 —

"7+2"挑战地球九极 …… 118

2012年5月19日　珠穆朗玛峰 …… 118

2013年7月18日　厄尔布鲁士峰 …… 127

2014年2月9日　乞力马扎罗峰 …… 129

2014年9月22日　科修斯科峰 …… 131

2015年1月19日　阿空加瓜峰 …… 133

2015年6月10日　迪纳利峰 …… 136

2016年4月24日　北极点 …… 141

2016年12月14日　文森峰 …… 145

2016年12月25日　南极点 …… 149

其他登山科考活动 …… 153

2015年10月27日　哒日峰 …… 153

2018年7月21—26日　岗什卡雪峰卫峰 …… 156

2019年7月4—5日　慕士塔格峰 …… 159

2020年5月27日　珠峰高程测量 …… 163

第二部分　山高人为峰，登极志更高 ……… 169

彭淑力 ……… 173

王富洲 ……… 173

石　竞 ……… 174

袁　扬 ……… 174

王贵华 ……… 175

丛　珍 ……… 175

王洪宝 ……… 176

李致新 ……… 176

佟　璐 ……… 177

王勇峰 ……… 178

次　落 ……… 179

袁复栋 ……… 180

次仁旦达 ……… 180

德庆欧珠 ……… 181

张　瑜 ……… 181

高　琳 ……… 182

董　范 ……… 182

陈　晨 ……… 183

陈　刚 ……… 184

后记 ……… 185

主要参考文献 ……… 187

第一部分
勇毅穿岁月，足迹印巅峰

我国是一个多山的国家,具有丰富的登山资源。登山历史源远流长,早在黄帝时代就有登山传说,封建时期有帝王登山封禅的传统,张骞、甘英、法显、玄奘等曾翻越葱岭(帕米尔高原)抵达异邦,郦道元、徐霞客等曾游历名山大川,写就经典,永世流传。在中国革命史上,中国工农红军也曾在二万五千里长征中历尽艰险,越五岭,跨雪山,万水千山只等闲,播撒革命火种。

现代登山运动起源于18世纪后期的阿尔卑斯山区。1760年,瑞士科学家德·索修尔在考察阿尔卑斯山区时,对勃朗峰的巨大冰川产生了浓厚的兴趣,于是张贴告示,重金悬赏挑战勃朗峰的勇士和向导。一直到26年后的1786年,医生帕卡尔邀请当地的石匠巴尔玛结伴在当年的8月8日登上了勃朗峰。一年后,德·索修尔率领一支20多人的队伍,身带测量仪器,由巴尔玛当向导,登上了勃朗峰,验证了帕卡尔和巴尔玛的首登事实,现代登山运动由此诞生,所以登山运动又被称为"阿尔卑斯运动"。

现代登山运动于中华人民共和国成立后才被引入中国。1955年5月,中华全国总工会应邀派出许竞、师秀、杨德源、周正(兼翻译)4人前往格鲁吉亚的外高加索苏联登山教练员学校学习,培养出了我国第一批登山运动员。首批赴苏学习的登山运动员在毕业之际同苏联登山运动员一起开展了联合登山活动——挑战帕米尔高原上海拔

▶ 赴苏学习的登山"四先驱"(左起)周正、杨德源、许竞、师秀
(图引自:《风雪五十载》编委会,2005)

6780m的未登峰十月峰（该峰是为纪念十月革命而命名）。1955年8月13日，11名苏联运动员和4名中国运动员登上了十月峰的峰前峰——海拔6773m的无名峰（后命名为"团结峰"），留下了中国登山运动史上第一个正式的登山纪录。随后他们又胜利登上了十月峰。

1956年3月，苏联派遣了由库金诺夫和兹维兹金两人组成的教练团来到北京，全国各产业工会选送了50多人参加登山集训，集训地点在北京西郊老虎头山下，由苏联教练和1955年访问过苏联的中方运动员授课和辅导实习。训练结束后，选取35名队员组成一支登山队，定名"中华全国总工会登山队"——这就是中国的第一支登山队。彭淑力（1957级校友）为该队队员兼俄语翻译，并迅速成长为登山运动健将。至此，中国有了自己培养的登山教练员和运动员，登山运动逐步发展成为一个正规的体育项目。

▶ 1956年，彭淑力在我国首次举办的登山集训中攀爬岩壁（中国登山协会提供）

积淀探索

第一阶段概述

地质工作和登山运动有着天然的趋同基因。自20世纪中期中国现代登山运动兴起以来，北京地质学院（中国地质大学前身）就密切关注和大力支持国家登山事业的发展，多次参加中华全国总工会、国家体育运动委员会（简称国家体委）组织的登山活动。1958年12月，北京地质学院登山队成立。登山队积极探索发展具有地学特色的、同地质教育紧密结合的登山模式并取得了斐然的成绩，成为全国登山界的一朵仙葩。但随着"文化大革命"的到来，全国的登山运动陷入沉寂，学校的登山事业也进入蛰伏期。

起步很早，积极探索积淀

1956年4月25日，苏联专家库金诺夫、兹维兹金和中华全国总工会登山队队长史占春带领队员登顶陕西秦岭主峰太白山（海拔3767m），这是我国第一支登山队的首次登山活动，彭淑力参加并成功登顶。在我国早期的登山活动中，如攀登慕士塔格峰、镜铁山和七一冰川以及苏联境内列宁峰、莫斯科-北京峰等，也总能见到北京地质学院师生的身影出现在山峰之巅。

1958年，为了选拔参加中苏联合攀登珠穆朗玛峰（简称珠峰）的队员，培养开展群众性登山运动的骨干，中国登山营第一期训练班在北京香山公园"鬼见愁"山头训练场地正式开营。北京地质学院选派袁扬（女）、孙文鹏、刘肇昌、王富洲、石竞、何海之、白进孝、艾顺奉、周泉英（女）、朱发荣、仲禹、李并才12人参加培训，以备实施登山教学，普及登山技术，开展群众性登山运动。香山培训从6月初开始至7月底结束，来自全国各地的50余人参加训练，主要教授登山运动史、中国高山概况及自然资源等课程，以及结绳法、冰雪作业、气象知识、医务监督等技术战术和基本知识，同时进行体能和登山专业训练。体能教练由北京体育学院教师担任，登山教练由国家体委许竞、刘连满、刘大义、张俊岩等担任。北京地质学院师生经过两个月的学习，成为学校开展登山运动的先驱。

参加登山训练班的部分师生返校后，立即向学校领导建议组建北京地质学院登山队，同时在一年级新生中开展登山体育教学。为使登山运动进一步和地质专业相结合，1958年，学校组建了我国第一支基层登山队——北京地质学院登山队，学校的登山活动由此步入探索发展的新阶段。

▲ 1958年，参加中国登山营第一期培训的刘肇昌（左）、袁扬（中）、孙文鹏（右）在香山公园合影（毛星秀提供）

▲ 国家登山队与北京地质学院普查水文系举行联欢晚会（左起：丛珍、齐米、贡布、王凤桐）

高度重视，广泛普及推广

北京地质学院高度重视登山运动的发展与普及，1958年秋在香山建立了登山营地，同时将登山运动列为必修课，是当时全国高校中唯一将登山运动列为体育教学必修课的院校。学校制定教学大纲，安排系统学习，并在香山测量实习时进行登山现场教学，由艾顺奉、白进孝、仲禹、朱发荣等老师讲授登山要领与技能，每期周口店教学实习都要组织约1500人的队伍集中攀登猫儿山。

经过系统的理论教学和扎实的登山训练，学校的登山活动迅速从兰花几朵的微弱苦寒之态发展为春色满园的欣欣向荣之势，成为我国发展群众性登山运动的代表。1958—1959年，在不到两年的时间里，全院97%的学生都学会了登山。到1960年底，学院共培养了登山运动健将6人：王富洲、彭淑力、袁扬（女）、王贵华（女）、丛珍（女）、石竞，登山一级运动员8人，登山二级运动员3人（其中女子1人），登山三级运动员88人（其中女子20人），普通登山运动员6763人。

▲ 1959年，高元贵等学院领导在香山观看学生攀岩训练（右图左起：见秋、李庚尧、佚名、吕录生、高元贵）
（图引自：胡燕生等，2012）

▲ 1959年,登山教练员给学生上登山课

▶ 20世纪五六十年代,学校经常举行数百人的集体登山活动

地质特色，登山科考结合

1951年，中国科学院李璞先生进藏，随同进藏的还有日后调入北京地质学院任教的王大纯、朱上庆和张倬元，他们是《中央人民政府和西藏地方政府关于和平解放西藏办法的协议》签订后，中央人民政府组织的中国科学院西藏工作队地质组的重要成员。这次考察是中国地质工作者第一次到这个地区做地质调查工作，王大纯、张倬元等还是首次进入珠峰地区考察的中国地质学家，结束了外国人垄断青藏高原研究的历史，开启了我国高山科学研究事业的新纪元和中国科学家全面研究青藏高原的新时代。王大纯、朱上庆、张倬元等老一辈地质学家成为学校高原科考的先驱，为调查西藏地质做了开拓性工作。

登山是一项考验毅力、磨炼意志和锻炼身体的运动，掌握登山运动的理论和技术，将会给野外地质工作带来便利，使地质工作者能够更好地在高山地区开展工作。由于学科专业独具特色，北京地质学院的登山活动从一开始就严格贯彻贺龙元帅"登山运动和科学考察结合起来"的指示，将登山活动同地质专业教育以及地质工作紧密联系在一起。学校成立登山队的初衷也是矢志不渝向高山要"宝"——"目前的地质工作只限于5000m以下的山区和平原，但是高海拔地区还有无限宝藏酣睡，还有不少的地质空白点"（中国地质大学馆藏档案1959-XZ11-8.0002）。

▲ 1951年，王大纯、朱上庆、张倬元等老一辈地质工作者首次进藏考察，编著了《西藏东部地质及矿产调查资料》

1960年10月，学校决定在普查系地质测量与找矿专业设置高山地质专门化，将原来分散在各专业学习的登山运动员、部分登山地质教师调来学习、教学。这一举措适应了我国西部山区大规模经济建设和地质勘查找矿的需要，同时促进了登山活动与地质专业的紧密结合，使登山运动和高山科考事业持续健康发展，从根本上解决了登山队员学习专业知识和开展登山活动的矛盾。学校抽调参加过高山科考和登山探险活动的刘肇昌、何诲之和朱鸿组成高山地质教研组和专业教研室，组织管理日常教学工作。1961年，学校应届毕业生兼登山队队员纪克诚、李智陵（女）等调入高山地质教研组任教；高山地质专门化的学员从学校登山队队员中选调，均为1958年入学、来自不同专业的学生，共21人，其中女生5名。

在高山地质专门化的初步教学计划中，开设了较多高山地质专业课程，如高山区地质测量及找矿方法（包括航空测量和地球物理）、高山地质学、高山区域地貌及新构造运动学以及高山区自然地理概念和野外调查等。学校为高山地质专门化新增了冰川学课程，聘请北京大学崔之久讲授。此外，还设置了专项体能训练和技术训练。

高山地质专门化成立不久，就应青海省地质局的邀请，承接了青、川、藏高原地质调查的任务，穿越昆仑山、巴颜喀拉山，完成了1:100万玉树幅兴海－玛多－玉树和泽库/同德－玛沁－甘德两条路线的地质调查工作，并撰写了考察报告，报告中新建立的"巴颜喀拉群"至今仍被地质工作者使用。

1961年，高山地质专门化的师生还参与了宏伟的南水北调西线工程的地质调查工作。南水北调工程西线计划是将长江上游通天河、雅砻江、大渡河的水，通过巴颜喀拉山输水隧洞，送入黄河上游，惠及青海、甘肃、

▲ 1960年参加青海考察的普查系学生（左起：胡贤华、徐肇高、李开善、孙有济、朱志禹）（毛星秀提供）

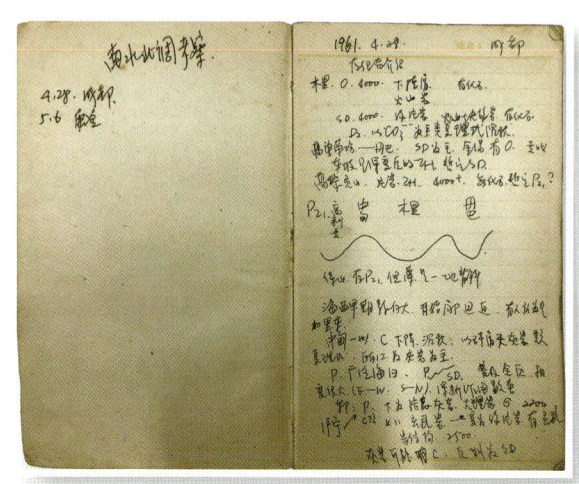

▲ 刘肇昌参加南水北调工程地质调查工作的记录簿（毛星秀提供）

宁夏、内蒙古、陕西、山西六省（区）。学院高山地质专门化的师生穿越横断山脉，圆满完成了道孚－新龙－白玉－甘孜路线和马尼干戈－石渠路线的考察工作，全长约800km。

经过对青海和西康地区的考察，高山地质专门化师生获得了大量第一手的地质资料，对该区大地构造性质与特征进行了较深入研究，发表了论文《青川接壤地区大地构造发展》。同期，高山地质专门化教师还参与编写了马杏垣教授主持的《中国区域地质》一书。

因经费掣肘等客观原因，学校的登山活动难以为继，高山地质专门化于1963年停办，但学校的高山科考和登山探险活动仍在进行，例如1964年开展了玉龙雪山攀登科考活动，1965年开展了雀儿山攀登科考活动。1966年，经院党委批准，学院成立了以纪克诚、关康年为首的20余人的登山科考队，拟执行一项5—10年的昆仑山登山科考计划。但随着"文化大革命"的到来，学校的登山事业陷入困顿，科考计划也随之夭折。

登山科考活动

参与国家行动

📍 1956年4月25日　太白山

秦岭主峰太白山，海拔3767m，是我国东部最高峰，在陕西省境内。太白山绝对高度不高，但从山脚到顶峰的相对高差却有3000多米，且坡度较大，从山脚下刘家崖往上多为45°或者更陡的斜坡，因此具有一定的攀登难度。

1956年4月，苏联登山教练库金诺夫和兹维兹金指导我国第一支登山队——中华全国总工会登山队攀登太白山。25日，含彭淑力在内的32名队员全部登顶，从此拉开了中国现代登山运动的序幕。

▶ 攀登途中。由于技术装备落后，队员们没有特制的登山鞋，他们就在翻毛皮鞋底钉满大铁钉，然而没等到下山，"钉子鞋"又磨成了平底鞋（图引自：《风雪五十载》编委会，2005）

中国地质大学登山图史

▲ 1956年4月25日11时15分，30余名队员成功登顶太白山，举起冰镐欢呼首战告捷
（图引自：《风雪五十载》编委会，2005）

第一部分　勇毅穿岁月，足迹印巅峰

　　此次活动结束后，中华全国总工会登山队就从登顶队员中选拔了24名队员，前往苏联外高加索山区进行登山学习。在共同训练的过程中，队员们与苏联队员一起于1956年6月28日登上了海拔5642m的厄尔布鲁士峰，包括彭淑力在内的24名队员成为第一批登上欧洲最高峰的中国人。

▲ 1956年，厄尔布鲁士大本营
（图引自：史卫静，2019）

1956年7月31日 慕士塔格峰

慕士塔格峰，海拔7546m，是昆仑山脉第二高峰，位于东经75.1°，北纬38.5°，地处我国新疆境内西南边境阿克陶县，北面是昆仑山脉第一高峰公格尔山（海拔7649m）和第三高峰公格尔九别峰（海拔7530m），三座山峰高耸入云，如擎天玉柱构成了帕米尔高原的极高峰群。慕士塔格峰终年积雪，冰层厚度有150—200m，以致当地的塔吉克族、维吾尔族群众称其为"冰山之父"。英国、俄国、瑞典等多国登山家都曾挑战慕士塔格峰，但均以失败告终，故而1956年的慕士塔格峰尚为一座未登峰。

1956年7月，中苏两国运动员组成混合登山队向慕士塔格峰发起挑战。7月31日，31位冲顶队员冒着-25℃的严寒全部登顶并于次日安全返回营地，在当时创造了集体安全登山的世界纪录。在这次登山活动中，彭淑力任俄语翻译并成功登顶。

▲ 中苏队员从两国边境入境
（中国登山协会提供）

▲ 1956年彭淑力在雪山前留影
（中国登山协会提供）

第一部分　勇毅穿岁月，足迹印巅峰

▶ 在海拔5600m营地午餐（左起：彭淑力、翁庆章、许竞、科维尔柯夫、刘大义）
（图引自：翁庆章，2001）

◀ 在海拔5600~6200m高度奋力攀登
（图引自：翁庆章，2001）

◀ 冲顶

（图引自：翁庆章，2001）

▼ 1956年7月31日下午2时，全体队员登上慕士塔格之巅

（图引自：玄天，2016）

第一部分 勇毅穿岁月，足迹印巅峰

◀ 登上慕士塔格峰后，部分队员于1956年8月6日至12日在山区进行科学考察。图为科考组在冰川上打钻取样
（图引自：翁庆章，2001）

◀ 1956年8月31日，国务院副总理、国家体育运动委员会主任贺龙（前排右三）接见中苏慕士塔格峰登山队全体队员（后排右五：彭淑力）
（图引自：翁庆章，2001）

017

1958年5月3日　镜铁山

镜铁山属于祁连山系，位于甘肃省酒泉市西南，海拔5205m，5000m以上的顶区是终年积雪地带，平均坡度约30°，最陡处约55°。1955年，地质勘探人员在这一带找到了大片乌亮的镜铁矿石露头，便将该山取名"镜铁山"。由于地质勘探人员缺乏登山技术和经验，所以一直未能登顶探查。1957年11月，甘肃省地质局镜铁山勘探队致函中华全国总工会体育部，请求派登山队员支援，以便在镜铁山高海拔地区寻找原生的铁矿露头。

1958年4月10日，中华全国总工会登山队彭淑力、许竞、刘大义、刘连满、张俊岩5名队员离京赴陇。5月3日，5名登山运动员和4名地质工作者以及摄影师共10人向主峰突击。在临近山顶的最后200m，积雪全部被大风卷走，整个坡面全是光滑的坚冰。经过3个多小时的奋力攀爬，全体队员终于登上了镜铁山之巅。

在一个多月的时间里，登山队跋涉了镜铁山及其周围190km²的范围，完成了1:20万的180km²的填图，并绘制了其他地质简测图和地形简图，为该地区的地质勘探提供了极为有益的资料。这次镜铁山勘探及攀登活动，是我国登山运动和地质勘探直接结合的第一次成功尝试。经过勘探后，镜铁山矿于1958年开始建设，是目前我国生产规模最大、机械化程度最高的黑色冶金坑采矿山之一。

▲ 攀登镜铁山的岩石陡壁
（图引自：《风雪五十载》编委会，2005）

第一部分 勇毅穿岁月，足迹印巅峰

▲ 攀登途中翻越雪坡
（图引自：赵彧，2016）

▶ 队员采集岩石标本
（图引自：《风雪五十载》编委会，2005）

📍 1958年8月10—11日 七一冰川

七一冰川位于甘肃省境内祁连山腹地，是1958年7月1日被发现并因此命名的一座高原冰川。该冰川斜挂于坡度小于45°的山坡上，冰层平均厚度78m，最厚处达120m，冰峰海拔5150m，冰舌前沿海拔4360m。

1958年8月10—11日，包括学校袁扬在内的4名女队员和46名男队员登顶七一冰川主峰。这是中国登山队第一次有女队员登顶，创造了我国女子登山运动最早的高度纪录，也标志着我国女子登山运动自此诞生。

▼ 七一冰川
（图引自互联网）

📍 1958年9月7—8日　苏联列宁峰、莫斯科－北京峰

依据中国国家体委和苏联体委共同签订的中苏联合攀登珠穆朗玛峰的计划，在香山培训结束后，由约50人组成的中国登山队（含北京地质学院12名师生）在国家体委登山处处长史占春的率领下前往苏联，同苏联登山队共同开展冰雪作业训练和攀登列宁峰（海拔7134m）的活动。1958年9月7日，中方有17名队员登顶列宁峰，包括学校彭淑力、王富洲、石竞；袁扬同其他两名女队员抵达海拔6800m高度，创造了我国女子登山运动的新纪录，还使我国女子登山运动成绩跃居世界前列。9月8日，中方彭淑力、石竞等4名队员登顶海拔6852m的无名峰（后命名为莫斯科－北京峰）。

▲ 1958年8月，中国登山队队员在去列宁峰的途中，在吉尔吉斯斯坦奥什市合影（左起：孙文鹏、王富洲、刘肇昌；右二：石竞）
（毛星秀提供）

▲ 中苏联合登山队穿越冰川
（图引自：《风雪五十载》编委会，2005）

▶ 刘肇昌赴苏时的机票
（毛星秀提供）

第一部分　勇毅穿岁月，足迹印巅峰

▲ 中苏联合登山队攀登列宁峰
（图引自：《风雪五十载》编委会，2005）

▲ 抵达列宁峰海拔6800m高度的中国女运动员（左起：姜英、袁扬、周玉瑛）
（图引自：史卫静，2019）

▲ 1958年9月8日,中方彭淑力、石竞、王凤桐、穆炳锁4名队员同苏方4名队员一起登顶莫斯科-北京峰
(图引自:史卫静,2019)

1959年7月7日　慕士塔格峰

根据国家既定计划，1959年中国登山运动员将同苏联登山运动员共同攀登珠穆朗玛峰，同时创造女子登山世界纪录。1958年3月，在苏联队员即将启程来我国之际，西藏政治局势发生变化，原定的登山计划被迫中止，创造世界女子登山纪录的方案便改在慕士塔格峰进行，国家为此组织了中国男女混合慕士塔格峰登山队。1956年中苏联合攀登慕士塔格峰时，曾对该地区的冰川进行了固定观测，同时开展了气象、地质、生物等方面的科考，按惯例，3年后要对科考结果进行复查，因此此次攀登活动还担负了复查此前科考数据的任务。

中国男女混合慕士塔格峰登山队由63人组成，男队员42名，女队员15名，工作人员6名。北京地质学院7名登山运动员参与此次活动，包括1958届毕业生王富洲、石竞，二年级在校生彭淑力、王贵华（女），一年级在校生丛珍（女），普通地质教研室助教袁扬（女）和普查系教师刘肇昌，其中袁扬任登山队副队长，彭淑力任教练员，王富洲任登顶结组组长。

1959年6月19日，全队开始第一次行军。7月3日登山队遭遇暴风雪，被困二号营地。7月5日，天气逐渐转晴，但风仍然很大，队员们必须要顶风斜立才能站稳而不致被大风刮倒，数名队员遭遇了严重的高山反应。7月6日，教练员、登山运动健将彭淑力以大局为重，护送4名高山反应严重的队员下山，故而未能参加突击主峰。

7月7日下午6时20分，登山队石竞、王富洲、丛珍、王贵华等33人登上海拔7546m的"冰山之父"——慕士塔格峰，创造了集体安全登上海拔7500m以上高峰人数最多的世界纪录。此外，包括王贵华、丛珍在内的8名登顶女队员创造了世界女子登山的高度纪录。

▲ 建于海拔5600m的一号营地
（图引自：史卫静，2019）

▶ 队员穿过海拔6300m的冰瀑区
（图引自：《中国登山运动》，1964）

第一部分　勇毅穿岁月，足迹印巅峰

▲ 1959年7月7日在慕士塔格峰之巅，丛珍高高举起五星红旗
（图引自：《中国登山运动》，1964）

◀ 王贵华（左）在库尔班节联欢会上
（图引自：《中国登山运动》，1964）

◀ 欢迎王贵华（右捧花者）、丛珍（中捧花者）等征服慕士塔格峰的登山队员平安归来

▲ 在1959年第一届全国运动会闭幕式上，国务院总理周恩来，国务院副总理、国家体育运动委员会主任贺龙，为打破世界纪录的运动员颁发"体育运动荣誉奖章"，北京地质学院袁扬、丛珍、王贵华获得"金质荣誉奖章"
（图引自：中华人民共和国第一届运动会宣传部编辑，1960）

📍 1960年5月25日　珠穆朗玛峰

珠穆朗玛峰简称珠峰，是喜马拉雅山脉的主峰，海拔8848m，是地球上第一高峰，被称为地球的第三极，位于东经86.9°，北纬27.9°，地处中尼边界东段，北坡在西藏自治区定日县境内，南坡在尼泊尔境内。珠穆朗玛，藏语意为"大地之母"，尼泊尔称其为"萨迦玛塔"，西方曾长期称其为"额菲尔士峰"（Mount Everest）。1952年5月8日，中央人民政府内务部和中央人民政府出版总署联合发出通报，将"额菲尔士峰"正名为"珠穆朗玛峰"，此后，中国出版的所有地图都使用"珠穆朗玛峰"这一名称。

1957年10月苏联主动联系中国，欲与中方共登珠峰，中方经反复研究，认为我方条件尚不具备，欲复函婉拒，但是贺龙元帅对此事态度积极，周恩来总理和邓小平同志高瞻远瞩作出了同意苏方提议的决断。1958年4月，中方正式复函苏方，同意双方共同组队攀登珠峰。

1953年5月29日，英国登山队的新西兰人艾德蒙·希拉里（Edmund Percival Hillary）与其向导尼泊尔人丹增·诺尔盖（Tenzing Norgay）首次从南坡登顶珠峰。尽管多国登山家多次尝试从北坡登顶，但截至1960年，尚无人类足迹从北坡延伸至珠峰之巅。年轻的中国登山队成立不过数年，此前尚无8000m以上山峰的攀登经验，因此此次攀登活动须详尽计划、步步为营。

珠峰考察

1958年10月，中苏队员以国家体委参观团的名义进藏进行联合实地考察，学校彭淑力和校友王富洲、石竞参加了此次考察活动。11月21日，彭淑力、王富洲、石竞所在的考察一分组（东绒布冰川组）抵达海拔6800m高度，确认了通向北坳的路线，故结束了东绒布路线的考察；考察二分组（中绒布冰川组）建议将中绒布路线作为正式攀登的备选路线。11月底，珠峰考察工作结束，考察组集体通过了从东

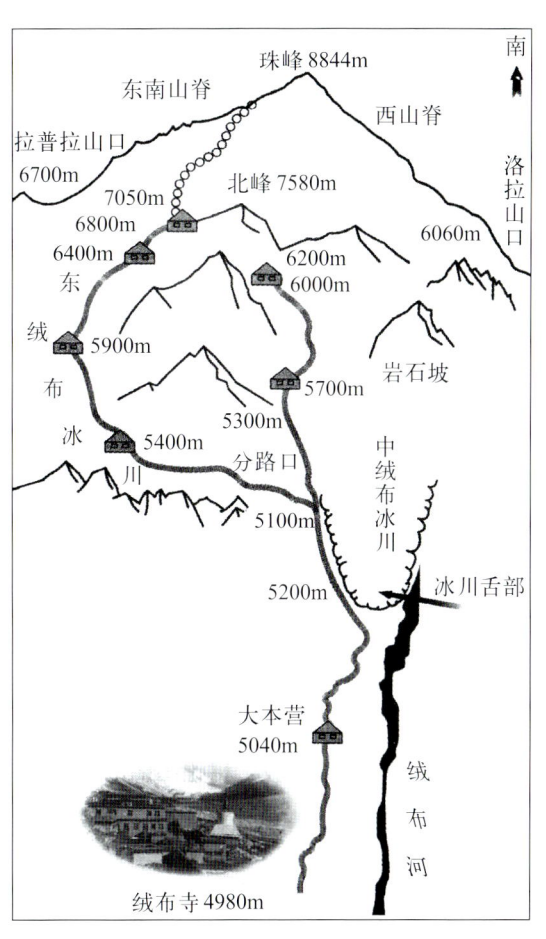

▲ 1958年，中苏珠峰考察组路线考察示意图
（图引自：翁庆章，2017）

绒布冰川至北坳的攀登路线方案，绘制了上山路线及营地设置图，并为攀登活动提出了预案和注意事项，其中大部分意见及建议均纳入了1960年中国登山队单独攀登珠峰时的总体方案。

▲ 考察一分组在临时大本营整装待发（左起：别列斯基、石竞、王富洲、邵子庆、科维尔柯夫、达瓦、温德）
（中国登山协会提供）

▶ 考察二分组在北坳西侧下仰望珠峰
（图引自：翁庆章，2017）

第一部分 勇毅穿岁月，足迹印巅峰

▲ 考察组在选定的珠峰大本营合影
（图引自：翁庆章，2017）

珠峰科考

登山运动与科学考察相结合,是我国首次对珠穆朗玛峰进行考察的突出特征。国家体委组建的珠峰科考队于1959年春奔赴珠峰地区。全队由46人组成,队员分别来自北京地质学院、中国科学院有关研究所、北京大学等,按专业分为地质、地貌、测量、气象、水文、植物、动物7个组,其中地质组由北京地质学院刘肇昌(科考队副队长兼党支部书记)、何海之与中国科学院地质所马文朴(北京地质学院1956届校友)、地质部地质研究所金淳泰组成。

这次珠峰科考是有史以来规模最大、学科最全、覆盖面最广、野外实地调查时间最长的综合科学考察。科考所取得的气象、地质、地貌、冰川、高山生理等方面成果,为我国首次从北坡登顶珠峰提供了直接、有力的科学保障。在地质学方面,此次考察揭示了珠峰地区已遭受强烈混合岩化、花岗岩化,原岩时代为前寒武纪的变质杂岩,由古生界、中生界和始新统的海相沉积层系组成;珠峰所在地喜马拉雅山,由海变陆、造山隆升发生在始新世之后的新近纪和第四纪,世界最高峰实际是地球上最年轻的造山系。随后数十年的地质工作均佐证了上述结论。

攀登前的科考活动为登顶珠峰提供了科学保障,同时攀登活动又为科学研究助力。1960年攀登珠峰的活动中,登山运动员在海拔7000m以上地段收集了许多珍贵的一手科学资料,为科学考察作出了重要贡献,尤其是王富洲、贡布、屈银华在珠峰之巅采集的9块岩石标本,具有很高的科研价值。

◀ 1959年1月16日—2月8日,登山队在念青唐古拉山区进行为期18天的登山训练,为后期登山和科考活动作体能锻炼和登山技术训练。图为2月5日,袁扬(左三)、刘肇昌(左二)等登上海拔6117m的念青唐古拉东北峰(毛星秀提供)

第一部分 勇毅穿岁月,足迹印巅峰

◀ 珠峰科考队员在营地研究图纸
(毛星秀提供)

▲ 1959年8月3日,刘肇昌等在中尼边境聂鲁桥附近的成当村宣讲西藏形势和党的民族政策
(毛星秀提供)

▶ 此次珠峰科考成果之一《珠穆朗玛峰地区科学考察报告》

为国攀峰

1960年攀登珠峰不仅仅是学习苏联发展登山运动那么简单，在这背后有着更深远的政治意义。对于珠峰的归属当时中尼双方存在争议，中方曾建议给这座山峰起一个统一的名字——"友谊峰"，但遭尼方拒绝，1953年登顶珠峰的尼泊尔向导丹增·诺尔盖成了尼方在谈判中的重要砝码。在关乎国家主权、关乎民族尊严的珠峰攀登活动面前，中国人可谓是"逼上珠峰"。

中苏联合登峰计划一波三折，特别是中苏关系恶化后，苏联政府一纸命令撤回了在中国的所有苏联专家，两国联合攀登珠峰的计划搁浅。最终国家体委作出按原定计划3年内登顶珠峰的决定，于1960年春单独组队从北坡攀登珠峰。

当时的中国，正处在特殊的历史时期，"大跃进"运动、三年困难时期的阴影笼罩全国。在极端困难的情况下，国家专门拨款70万美元，从欧洲购买了所需的登山装备和器材，并且在一年之内修筑了从日喀则到珠峰大本营长达380多千米的公路。国家体委和中国登山协会组织了100多人的强大登山队，力图以人力的优势登上珠峰。

1960年3月，登山队开始向珠峰挺进。3月25日队伍开始第一次行军，从大本营出发，于27日抵达海拔6400m的三号营地，而后返回大本营休整；4月6日，队伍开始第二次行军，在无立足之地的冰胡同里挂起"云梯"，打通北坳，抵达海拔7600m高度，再次返回大本营休整；4月25日，登山队进行第三次行军，考察了突击顶峰的路线，抵达海拔8300m高度，并建立了最后一个营地——突击营地。此次行军成果空前，但也代价甚大，包括彭淑力在内的运动健将级队员由于严重冻伤等原因不得不退出战斗。在重大损失面前，总指挥韩复东宣布当年的登山计划中止，相关人员撤退到离珠峰大本营100km处的定日县休整。

恰逢中尼谈判的关键时期，地处中尼边境的珠峰成为谈判焦点之一，中国如果不从北坡登顶，就会间接影响到中尼边境线的划分。寸土必争之际，周恩来总理指示：要重新组织力量攀登顶峰。贺龙副总理传达命令：要不惜一切代价，重新组织攀登。于是登山队又重返大本营，准备再次挑战珠峰。

5月17日，由13人组成的突击队从大本营出发，许竞任突击队队长。行军路上，队员负重前行，饥寒交迫，却从不言累、从不言苦。5月24日，许竞因体力不支倒下，王富洲临危受命任突击队队长。行进至第二台阶下，刘连满用自己的肩膀作"人梯"把队友送上第二台阶。屈银华双手双脚冻伤——他不忍心让自己带有铁钉的鞋子踏在刘连满的肩上，尽管知道脱鞋就会冻伤，毅然在-40℃的严寒里脱下了登山鞋。在攀登到8700m时，刘连满由于过度疲劳，寸步难行，王富洲紧急召集党小组会，经讨论，决定让刘连满留下，其他三人继续前进。当王富洲、屈银华和贡布踏上征途后，刘连满已经做好牺牲的准备，毅然决然把自己氧气筒里所剩不多的氧气保存起来，留给战友们胜利归来时使用，并写了一封"遗书"。而他自己，在被称为"死亡地带"的极端环境里忍受着严重缺氧的煎熬，在一块大岩石旁度过了极寒之夜。幸运的是,刘连满坚持到了战友们回撤,最终安全回到了大本营。

1960年5月25日,王富洲和中国登山队其他两名队员贡布(藏族)、屈银华在极度疲倦、重度冻伤的状态下,于北京时间4时20分登临珠峰之巅,创造了人类历史上第一次由北坡登顶珠峰的创举。突击队长王富洲借着微弱的星光用自动铅笔写下"王富洲等三人征服了珠峰。1960年5月25日4时20分。"贡布将其放进一只白色羊毛织的手套里。三人庄重地用五星红旗将毛主席石膏像包好,连同装纸条的那只手套,放在顶峰西北角下方岩石和冰雪交界处的岩石缝里。

1960年5月25日的历史性登顶,对中国而言,它不仅仅是一次对于世界最高峰的征服,它更向世界展示了中国在自然灾害面前不屈不挠、团结奋战、勇攀高峰的实力和自信。

在此次登山活动中,学校共有8名师生、校友参与,他们是:王富洲、石竞、彭淑力、袁扬、丛珍、李玉柱、刘东鲁、纪克诚。其中,王富洲成功抵达珠峰之巅;石竞承担运输物资和建营等任务,抵达海拔8500m高度;彭淑力承担开路等繁重任务,同队友修通了至北坳等重要路线;袁扬、丛珍等承担了各种后勤保障性工作;纪克诚竭力为运动员创造舒适的生活环境,被队员们亲切地称呼为"经理"。

▶ 1960年攀登珠峰示意图(绘图:山人)
(图引自:《风雪五十载》编委会,2005)

▶ 1960年3月19日，中国登山队主力队员到达珠峰大本营，大本营升起了五星红旗（左升旗手：丛珍）
（图引自：《风雪五十载》编委会，2005）

◀ 一场高原手球赛正在紧张激烈地进行
（图引自：《中国登山运动》，1964）

第一部分 勇毅穿岁月,足迹印巅峰

▲ 突击主峰的队员宣誓:"不把珠穆朗玛峰踩在脚下,绝不回头!"(前排左一:王富洲)
(图引自:《中国登山运动》,1964)

▶ 通过东绒布冰川峡谷
(图引自:《中国登山运动》,1964)

▲ 为了争取时间,运输队员冒着风雪运送物资
(图引自:《中国登山运动》,1964)

▲ 跨越冰裂缝
(图引自:《中国登山运动》,1964)

▲ 队员进入海拔5900m的冰塔林区
(图引自:《中国登山运动》,1964)

第一部分 勇毅穿岁月,足迹印巅峰

从北坡传统路线攀登珠峰有三大难关,分别是北坳大冰壁、"大风口"和"第二台阶"。北坳冰壁是指从海拔6500m的前进营地到海拔7028m的一号营地之间坡度为40°~50°、高差近400m的巨大冰壁,那里的冰雪厚度达100多米,是珠峰北坡极易发生冰崩和雪崩的危险路段。

◀ 攀登北坳冰壁
(中国登山协会提供)

▼ 行进在海拔7150m的冰坡上
(中国登山协会提供)

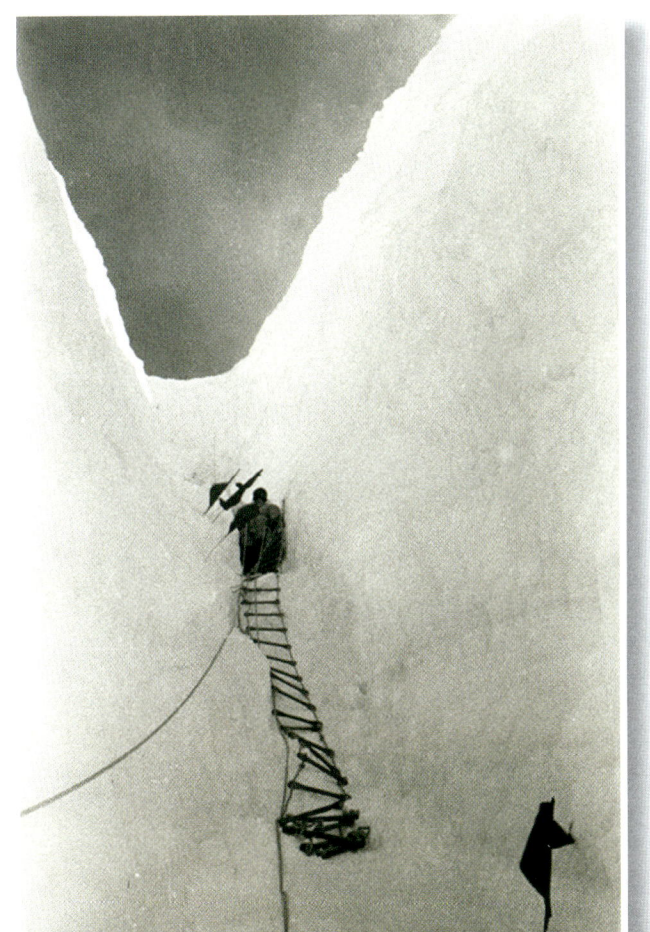

◀ 用云梯在北坳"冰胡同"里挺进
(中国登山协会提供)

▶ 5月23日,突击队行进至海拔8400m高度
(图引自:《风雪五十载》编委会,2005)

▶ 1960年5月25日凌晨4时20分,王富洲(被抬左一)、贡布、屈银华登顶珠峰。图为5月30日,三人回到大本营

第一部分　勇毅穿岁月，足迹印巅峰

▲ 王富洲(右一)、贡布(中)、屈银华(左)
（中国登山协会提供）

▲ 群众在首都机场欢迎征服珠峰的英雄们凯旋

▲ 7月3日,15所高校师生在北京地质学院与中国登山队队长兼党委书记史占春,副队长许竞,队员刘连满(中左,戴手表者)、贡布(中右)、屈银华、彭淑力(左下)等17名登山英雄举行了欢乐的聚会

1961年6月17日　公格尔九别峰

公格尔九别峰位于我国新疆维吾尔自治区境内,海拔7530m,是昆仑山脉第三高峰,由于山上终年积雪,形如当地牧民喜欢戴的毡帽,所以被称为"公格尔九别",意为"白色的帽子"。

1961年,国家体委作出再创女子登山高度纪录的指示。根据这个任务安排,国家组成中国男女混合登山队,一队由原登山营成员组成,为攀登队伍的主力,队长为袁扬;二队由数十名师生组成,以北京地质学院为主力,还包括北京

▲ 队员用尼龙绳搭建索桥渡过山下急流
(图引自:《中国登山运动》,1964)

石油学院、北京矿业学院和北京大学部分师生,意在争取完成攀登任务外,还肩负起高山区地质地貌、冰川、气象、生物等综合科学考察任务,队长为石竞。学校李高腾、王洪宝、李智陵、苏大安、王贵华、丛珍等也参与了此次登山科考活动。

1961年6月17日晚上10时30分,登山队西尧(女)、潘多(女)等登顶公格尔九别峰,打破了女子登山世界纪录。

▲ 队长袁扬(右)进行现场指挥
(图引自:《中国登山运动》,1964)

第一部分 勇毅穿岁月,足迹印巅峰

◀ 行进在公格尔九别峰的冰瀑区
（图引自:《中国登山运动》,1964）

▶ 1961年11月2日,国务院副总理、国家体育运动委员会主任贺龙接见登顶公格尔九别峰、打破世界女子登山高度纪录的中国女子登山队,并为袁扬（中立者）等4人授予"体育运动荣誉奖章"[李智陵（右一）,王贵华（中）]

1964年5月2日　希夏邦马峰

希夏邦马峰位于东经85.7°，北纬28.3°，地处喜马拉雅山脉中段，西藏自治区聂拉木县境内，海拔8012m，是世界第十四高峰，也是唯一一座完全位于我国境内的海拔8000m以上的极高峰。希夏邦马峰的海拔虽然位列世界14座8000m以上山峰之末，但其攀登的技术难度、危险程度和山难发生率却远高于世界第六高峰——海拔8201m的卓奥友峰。

1964年初，国家体委组织希夏邦马峰登山队，向当时地球上最后一座8000m以上的未登峰发起挑战。这是我国科学考察和登山运动密切结合的一次登山活动。全队共206人，其中包括由北京地质学院等单位组成的登山科考队，科考队下分设测量、冰川、地质、地貌及第四纪地质4个专业组，共14人，包括学校教师张康富。此外，校友王富洲、王洪宝、石竞等也参与了登山和科考活动。

1964年5月2日上午10时20分，王富洲等10人成功登上了希夏邦马峰，中国的攀登者终于在自己的领地之山上，为人类征服地球上14座海拔8000m以上的极高峰壮举画上了句号。

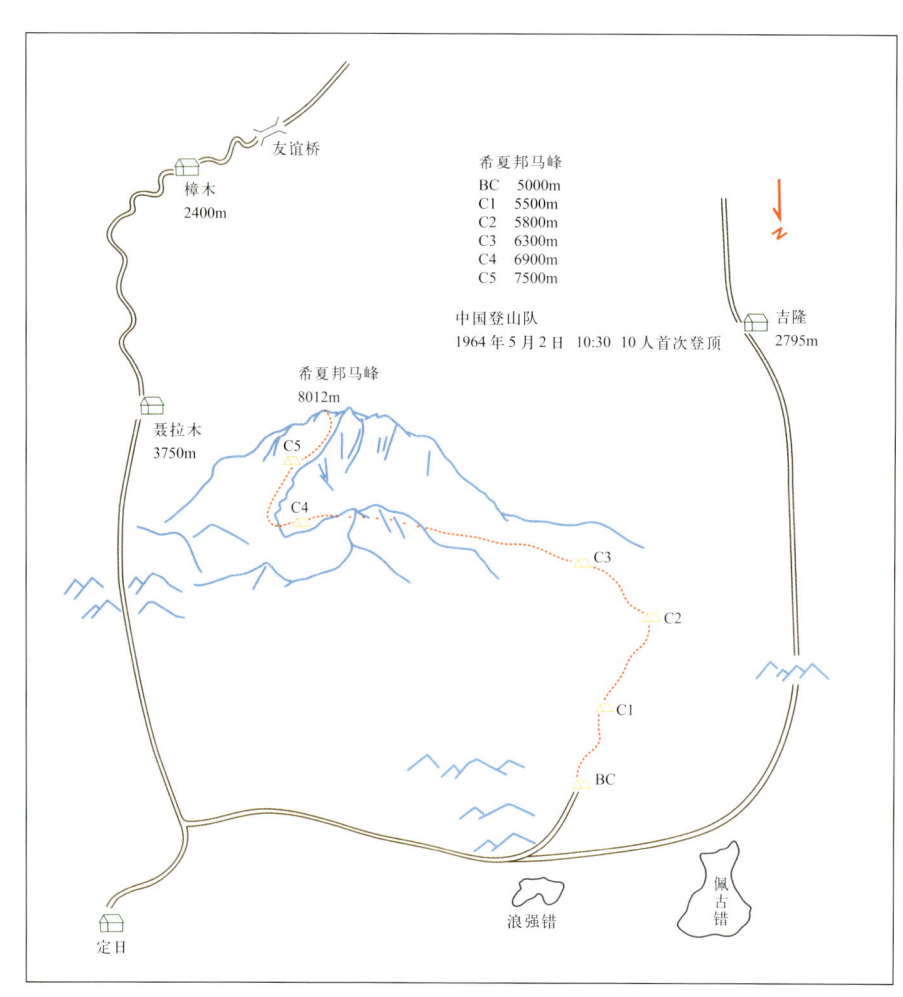

▲ 攀登路线示意图（绘图：山人）
（图引自：《风雪五十载》编委会，2005）

第一部分 勇毅穿岁月,足迹印巅峰

▲ 队员手持毛主席像宣誓:一定要征服希夏邦马峰(国旗右侧执旗手王富洲)
(图引自:《中国登山运动》,1964)

▶ 队员攀爬近乎垂直的冰壁
(图引自:《中国登山运动》,1964)

▲ 困难年代,队员弘扬艰苦朴素的精神,在海拔5800m营地缝补衣服
(图引自:《中国登山运动》,1964)

◀ 在坡度约50°的冰雪陡坡上向海拔7700m的突击营地前进
(图引自:赵彧,2016)

▶ 1964年5月2日上午10时20分,王富洲等10名运动员首次把五星红旗插上希夏邦马峰(图引自:中国希夏邦马峰科学考察队,1966)

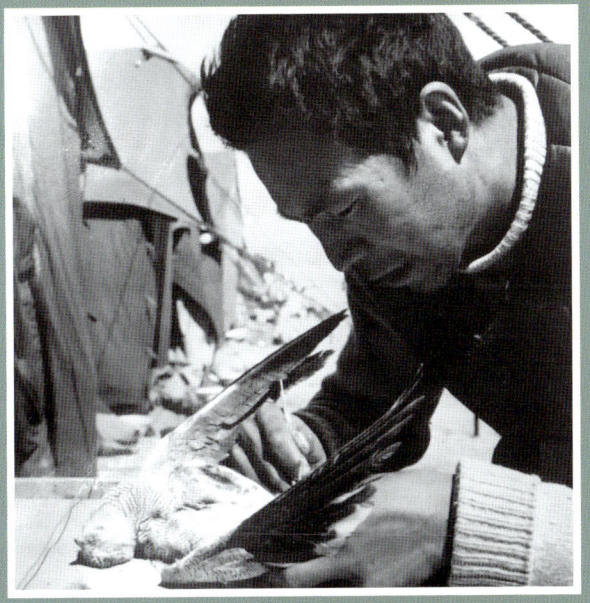

▲ 王富洲在剖制动物标本
(图引自:中国希夏邦马峰科学考察队,1966)

▲ 科考人员观察水晶宫般的冰洞
(图引自:中国希夏邦马峰科学考察队,1966)

独立组队行动

📍 1958年12月20日 七一冰川

1958年12月，北京地质学院登山队成立，这是全国第一支业余登山队，成立伊始即将攀登阿尼玛卿峰作为重要目标，并决定先攀登祁连山七一冰川和秦岭主峰太白山，以作为攀登阿尼玛卿峰的训练性登山活动。1958年12月2日，学校在香山进行负重行军训练，选拔出45名队员参加七一冰川的攀登活动，他们连同教练员及党政人员共58人于12月10日踏上征途。12月20日，54人（其中女子10人）登上了七一冰川，创造了我国冬季集体登山的新纪录。

▲ 1958年12月20日，学院54人登上了七一冰川

第一部分　勇毅穿岁月，足迹印巅峰

▲ 党委书记、院长高元贵代表学校热烈欢迎登山队员胜利归来

1959年5月28日　太白山

1959年5月16日，北京地质学院登山队出发赴陕西攀登秦岭主峰太白山。全队共47人，其中学生38人，体育教师（教练员）5人，总教练（国家体委下派）、政治工作干部、专业教师、队医各1人。本次攀登太白山的目的有二：一是通过爬山进行体能、意志和适应性锻炼，为攀登阿尼玛卿峰打下基础；二是在高山进行地质工作，为建立高山地质专业探索一条路径，使登山运动和地质工作紧密结合起来。

全队于1959年5月16日自北京出发奔赴西安，5月22日乘火车自西安出发到郿县，然后步行30km抵达太白山脚下。5月24日登山队进山，全部登山装备及大部分食品均由队员自带，男队员负重25~30kg，女队员负重17~30kg，其余部分食品约500kg由民工背到三号营地放羊寺。进山后队员每日行进40~60km。5月28日上午10时，全队46人（其中女队员12人）胜利登顶太白山（随队医生因身体不适未参加突击主峰），超过了中华全国总工会登山队1956年有32人登上此峰的纪录。

下撤时，全体队员兵分三路，分别完成了"原路"（登山路线）及"西路"（登山路线往西约十几千米的斜水河谷）两条路线的地质调查工作，绘制了1∶2.5万的路线地质图，另一组检查了两处矿点。攀登结束后，登山队对太白山主峰位置提出质疑，"这次攀登的主峰是1956年中华全国总工会登山队所登上的主峰，但在此峰之南八仙台才是此山的最高峰，它比现在认为的主峰要高30m"（中国地质大学馆藏档案1959－XZ11－8.0002），并建议把太白山主峰改为八仙台（"八仙台"后易名"拔仙台"，海拔3771m，确为太白山的最高点）。

返校后，登山队建议学校成立"高山地质队"，使登山运动为地质事业服务，其任务主要是解决5000m以上地区的重大地质问题，以科研为主，结合进行生产劳动。学校认为建立高山地质专门化是个正确的方向，但由于"目前资料不足，经验缺乏，还不能够正式建立，今后可能建立高山地质队结合爬山逐渐积累经验作为一种过渡形式"（中国地质大学馆藏档案1959－XZ11－8.0002）。

第一部分　勇毅穿岁月，足迹印巅峰

▲ 1959年5月28日，学校登山队46人登上秦岭主峰太白山，图为登顶队员在顶峰合影

1960年6月2日　阿尼玛卿Ⅱ峰

阿尼玛卿峰又称积石山，为藏族"四大神山"之一，坐落在青海省玛沁县境内，地处昆仑山脉中支最东段，位于东经99.4°，北纬34.8°，主峰玛卿岗日海拔6282m，Ⅱ峰海拔6268m。在1960年，阿尼玛卿峰尚属未登峰，故而学院登山队在攀登阿尼玛卿峰时面临的最大问题是没有该峰相关的确切资料，主峰位置尚不明确，通往主峰的路线更无法考察，进而导致了这次意在攀登阿尼玛卿主峰的登山活动事后证明实则登上的是阿尼玛卿Ⅱ峰。

登山队由11人组成，成员包括体育教师（教练员）2人：白进孝，艾顺奉；地质教师2人：石油教研室何诲之，区域地质教研室刘肇昌；学生4人：勘探系四年级学生周聘渭，水文系二年级学生刘学山（副队长），三系二年级学生王文章，勘探系二年级学生王洪宝；另有来自外单位的气象员、报务员和当地体育运动委员会干部各1人。

登山队于1960年4月29日出发，5月16日进入山区。经走访藏族同胞，进行现场踏勘和实地验证，队伍预估位于阿尼玛卿山区中央、状似鹰嘴的立锥状冰峰为主峰（实为Ⅱ峰），并依据地势，确定从东穿贡玛冰川、东南方和东北方3条攀登路线。

5月21日，因路经数百米高断崖，无法攀越，队伍否定了从东穿贡玛冰川的第一条路线。5月23—26日，验证东南方第二条路线，冰瀑区高达数十米的冰陡坡接踵而来，纵横交错的冰裂缝层出不穷，最后队伍被一道宽5～6m的冰裂缝所阻，耗费三四个小时也未能逾越，被迫折返并放弃该路线。就在队部两次考察失败，情绪低落时，收音机里传出中国登山队于5月25日成功登顶珠峰的消息，队伍立刻沸腾起来，誓要把五星红旗插上阿尼玛卿峰。

6月1日，登山队决定选择东北方路线向顶峰迈进。途经冰瀑区，裂缝纵横，宽窄、深浅不一，又越过一道数十米高、坡度在六七十度的冰坡，经过整整12小时的行军，队员终于在晚上9时抵达突击营地。6月2日，天气晴好，队员踏上向主峰突击的征程，穿过雪崩区，蹚着齐腰的积雪走出"粒雪盆"，翻越陡壁。下午1时20分，队长兼党支部书记白进孝率领刘肇昌（党支部副书记）、何诲之、艾顺奉、王文章、周聘渭、王洪宝、丁源宗（青海省体育委员会干部）安全登上阿尼玛卿Ⅱ峰！

全队仅休整一天,即在6月4日启动了对阿尼玛卿峰的地质调查。科考队下设地质地貌、冰川、测绘、气象4组,队员为刘肇昌、何海之、周聘渭、王文章、刘学山、王洪宝和气象员陈守康(北京大学气象专业学生)共7人。在风雪、冰雹、雷电等恶劣的自然条件下,队员对阿尼玛卿峰南、东、北3面面积约500km²的区域进行了地质、地貌、地形、冰川、气象等方面的科学考察,测绘了山峰的高度,绘制了1∶5万的地质图、地貌图,研究了该山区的地质构造和近百年来冰川进退规律,并收集了该区域的气象、生物等宝贵资料,揭开了阿尼玛卿峰的神秘面纱。

▲ 远眺阿尼玛卿Ⅱ峰

▲ 登山队政委见秋(左)和队长白进孝(右)

▲ 冰雪作业训练

▲ 攀登途中穿过冰隙

▲ 通过海拔5800m的巨大冰瀑区

第一部分 勇毅穿岁月，足迹印巅峰

▶ 1960年6月2日下午1时20分，北京地质学院登山队登顶阿尼玛卿Ⅱ峰，在顶峰展示国旗和队旗

◀ 队员在研究一个古冰川的巨大漂砾

▲ 队员在海拔5030m的瓦尔玛冰川侧碛上进行地貌和气象观察

▲ 学院召开庆祝胜利登上阿尼玛卿峰大会,队长白进孝向全院作汇报

1964年5月　玉龙雪山

玉龙雪山为云南省丽江市的雪山群，东临丽(江)鸣(音)公路，西临虎跳峡涧，南起玉湖，北至大具乡下虎跳峡口，是北半球最接近赤道又终年积雪的山脉，发育有亚欧大陆距离赤道最近的温带海洋性冰川。雪山群的13座山峰由南向北纵向排列，连绵不绝，宛若一条巨龙腾越飞舞，故称"玉龙"。1964年5月，学院登山队攀登玉龙雪山并进行科学考察，发表了《云南丽江玉龙山地质构造》的学术论文。

▲ 登山科考队从玉龙雪山归来，受到高元贵等院领导的热烈欢迎（后排左起：高云鹏、刘冠军、张席禔、高元贵、周守成、佚名；前排左起：李绥远、强祖基、黄桥、白进孝、李智陵、刘学山）

1965年7月　雀儿山

雀儿山位于青藏高原东南缘，川西高原甘孜藏族自治州西北部，横断山脉北部，呈西北－东南走向，是康藏交通要塞。山区海拔5000m以上雪峰有数十座之多，因山体较大，主峰周围有多座高度相差无几的高山，故而主峰非常难找。此外，该地区气候变化大，登顶路线长、坡度大、冰裂缝多，攀登难度大。

1965年7月，学院教师黄桥、仲禹、李绥远、胡海燕、韩俊杰及地质系和探勘系的学生组建了雀儿山登山科考队，并在8月18日登上雀儿山山区一座海拔5920m的雪峰，在登山过程中还对雀儿山地区地层、构造、岩石等进行了考察并编写了地质报告。

▲ 雀儿山地区
（图引自互联网）

发展开拓

第二阶段概述

走出困顿,重振雄风扬帆续航

由于"文化大革命"和南迁办学的影响,学校登山活动停滞多年。1973年,国家登山队恢复活动,在北京老山举办登山训练班。学校应邀选派郭铁鹰、郭兴、梁定益、聂泽同、池三川、韦念龙、汪铁铭、尚子平、仲禹等多名教师参与训练。同年底,学校组织了相关教师赴新疆博格达峰进行冰雪作业训练,为1974年赴珠峰科考和1975年攀登珠峰作准备。

▶ 1973年,学校选派郭铁鹰、郭兴、梁定益、赵温霞、柯国均、汪铁铭、仲禹、聂泽同、池三川、韦念龙在新疆博格达峰进行冰雪作业训练
(韦念龙提供)

1974年3月，高元贵、王焕、徐新甫、刘庆芳等学院领导到国家登山俱乐部共商联合开展登山科考事宜，这是学校20世纪70年代以后登山活动蓬勃开展的新起点。至此，学校蛰伏近十年的登山事业开始复苏并渐成大势。1984年学校重建登山队，同年2月，经国家体委批准，学校成立了全国第一个基层群众登山组织——武汉地质学院登山协会，学院临时党委书记李武元任主席。1985年中国登山协会来函委托学校开设登山地质干部专修班，以培养登山和登山旅游方面的专门人才。同年，学校提议组建国家登山二队——由学校学生、教师、工人组成一支业余登山队，坚持登山与科考结合，这一举措体现了学校在登山界的地位和自信以及坚持登山科考的初心和决心。

▲ 武汉地质学院登山协会成立暨登山队建队二十五周年大会

▲ 1974年3月，高元贵等校领导到国家登山俱乐部共商联合开展登山科考事宜（前排左起：刘庆芳，徐新甫，高元贵，许竞，王焕，邓嘉善。二排：王文瑞（左二），李武元（左三），黄桥（左四），邬宗岳（左五），梁定益（左六），汪铁铭（右一）。三排：郭铁鹰（左二），徐乃和（左三），莫宣学（左四），郭兴（右一）

▲ 在学校举办的地矿部院校登山训练班开学典礼

改革开放,国际合作携手登高

1978年,党的十一届三中全会召开,中国进入改革开放和社会主义现代化建设新时期。我国于1980年对外开放珠穆朗玛峰、希夏邦马峰、公格尔山、公格尔九别峰、慕士塔格峰、博格达峰、贡嘎山、阿尼玛卿峰共8座山峰,开展接待外国人自费来华登山和登山旅游的业务。借着改革开放的春风,中国登山户外运动迎来历史性转折,来自日本、韩国、美国及欧洲等国家和地区的国际攀登者进入中国,开始朝拜东方大国丰富的登山资源,我国的登山运动也逐渐从以国家任务为主的形式向接待外宾来华、与外国联合登山的形式转变。20世纪80年代中日联合登山队先后征服了阿尼玛卿Ⅱ峰、纳木那尼峰和雀儿山等,增进了两国友谊,促进了友好合作,推动了以学生为主的登山科考活动以及与之有关的学术、信息和技术的交流。

1987年11月29日,中国地质大学登山协会与日本神户大学山岳协会正式签订了友好登山协议书,两校由此缔结的友好合作关系和深厚友谊延续至今。1996年开展了中韩两国建交后首次大规模登山合作,即攀登西藏境内的两座处女峰——穷母岗日峰和冷布岗日峰,学校张志坚、马欣祥和校友王勇峰等在登山活动中贡献了地大力量。

▲ 1987年11月29日,学校登山协会副主席杨巍然(右)与日本神户大学山岳协会会长平井一正(左)签订友好登山协议书

锦上添花，攀岩运动发展迅速

攀岩运动是从现代登山运动中派生出来的，是指采用攀登技术、借助装备作为保护或攀登的工具，通过克服地心引力攀登自然岩壁或人工岩壁的运动。攀岩运动极富技巧性、挑战性和观赏性，素有"岩壁芭蕾"的美誉。

1987年，中国登山协会派李致新、王勇峰等5名登山运动员到日本长野县系统学习攀岩技术和比赛规则；同年，武汉地质学院正式成立攀岩队；10月，"中软杯"首届全国攀岩邀请赛在北京怀柔大水裕水库的自然岩壁上举行，标志着攀岩运动正式引入中国。在此次比赛中，我校作为唯一的高校参赛。1990年，中国登山协会在中国地质大学举办全国地质院校体育教师攀岩训练班，培养了一大批攀岩运动教练员，攀岩运动开始在大专院校尤其是中国地质大学、长春地质学院、成都地质学院等全国6所地质院校推广开来。1991—2000年，在地矿部举办的地矿系统和地质院校攀岩比赛中，学校攀岩队获得团体十连冠。1993年，攀岩运动正式列为体育项目，从此进入了正规发展阶段。同年，在由胡燕生主编的地矿部部属院校体育课统编教材《体育课教程》中，首次将登山、攀岩、定向越野纳入体育教程。2003年，中国地质大学攀岩馆建成，11月，学校同东华大学共同发起成立了中国大学生体育协会攀岩分会，这是继羽毛球项目之后，第二项落户中国地质大学的中国大学生体育单项协会，学校在当月承办了全国大学生攀岩锦标赛。

▲ 1987年，武汉地质学院作为唯一一所高校参加"中软杯"首届全国攀岩邀请赛
（胡燕生提供）

▲ 2003年中国地质大学同东华大学共同发起成立了中国大学生体育协会攀岩分会
（图引自：胡燕生等，2012）

学校攀岩队成立不久就捷报频传，并在进入21世纪后涌现出多位在世界攀岩赛场上都具有重要影响力的选手，培养出了黄丽萍、曹荣武、黄杰、黎建丽、蔡陆远等攀岩运动健将。2004年9月，在湖州举办的世界杯分站赛女子攀岩项目上，学校黄丽萍代表中国队首次闯入决赛，在其后很长一段时间里，黄丽萍几乎垄断了国内女子攀岩难度赛的冠军，并在国际比赛中也有不俗的表现，在部分路线上甚至可以和顶级男子选手媲美，被誉为中国女子攀岩"第一人"。2007年9月，从中国地质大学走出的攀岩运动员几乎包揽了第八届全国极限运动大赛攀岩运动的冠军，例如曹荣武和黄丽萍分别获男子、女子难度攀岩赛冠军。

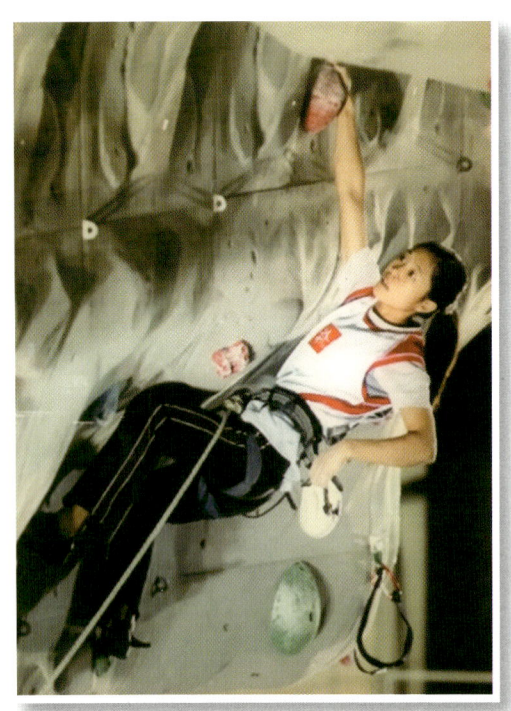

◀ 黄丽萍,女,1979年生,攀岩运动健将,被誉为中国女子攀岩"第一人",中国地质大学英语专业2004届本科毕业生,高等教育学专业2008届硕士毕业生

▼ 曹荣武,男,1980年生,攀岩运动健将,中国地质大学市场营销专业2004届本科毕业生,高等教育学专业2008届硕士毕业生。2008年,作为唯一的攀岩运动员参与了奥运火炬传递
(图引自:朱叶,2017)

鏖战高原，青藏科考成果丰硕

青藏高原是地球动力学和大陆动力学研究的天然实验室，也是研究地球板块运动的最佳场所。20世纪70年代初，学校已在筹划突破藩篱，奋力恢复正常科研秩序。1973年我国启动了第一次青藏高原综合科考。同年，在高元贵院长以及杨遵仪、王鸿祯、马杏垣、池际尚、郝诒纯等院士的支持和鼓励下，学校成立了由郭铁鹰（队长）、郭兴（副队长）、聂泽同、梁定益、莫宣学、赵崇贺、池三川、韦念龙、纪克诚、何海之、尚子平、柯国均（随队医生）等青年教师组成的西藏登山科考队（简称西藏队），参加了由中国科学院牵头的珠峰科考，由此拉开了我国首次青藏高原综合科学考察研究的序幕。

随着"文化大革命"结束，"科学的春天"如期到来，西藏的科学考察工作进入了新的历史阶段。学校西藏队已成长为一支以国家和部委的重大攻关项目、自然科学基金项目、国家"863"和"973"项目以及中外合作项目为载体，基础研究与应用研究相结合，科研与教学相结合的重要学术力量。1975—1985年，西藏队与西藏地质局第二地质队联合组队，开展罗布莎铬铁矿外围地质测量与找矿，完成地矿部"六五""青藏"攻关子项目，负责藏南地区和阿里地区地质科考。以西藏队为主的"地调4队"战斗在藏南地区和阿里西南边陲，所负责的区域90%以上是无人区与地质科考空白区，故该队被称为"敢死队"。西藏队的科学考察积累了大量科学资料，为青藏高原地质科学的深入研究、矿产开发、生态保护和经济社会发展提供了重要的基础地质资料，取得了多项突破性的地质成果。以《西藏阿里地质》《西藏阿里古生物》等为代表的著作在王鸿祯、杨遵仪、池际尚、郝诒纯、马杏垣5位院士的主持下完成，填补了我国西藏高山地区相关研究的空白，成为阿里地质的奠基之作，于1992年荣获地矿部科技成果二等奖。

随着改革开放的推进和科学技术的革新，青藏高原地区的地质工作无论在内容上还是形式上都有很多新的变化，现代仪器设备和测试手段推动了科考活动的深入开展。学校继续发扬青藏高原登山科考的光荣传统，20世纪90年代以来，先后与西藏地质局第二地质队合作，共同对罗布莎铬铁矿成因及成矿地质条件继续进行总结研究，实现了校、队科研的长期合作。1992年，学校同西藏地质局合作，对西藏地质构造和地貌景观进行科学录像。1995年，殷鸿福院士率领张克信、王国灿等学校20多名师生组成了老中青三代"青藏高原区调队"，承担中国地质调查局1∶25万造山带区域地质调查试点项目，创新探索具有里程碑意义的1∶25万造山带填图方法，为后续全面开展的青藏高原空白区1∶25万区域地质调查工作起到积极的引领和示范作用。1999—2005年，我校师生积极投入中国地质调查局青藏高原空白区1∶25万地质大调查工作，王国灿、李德威、张克信、郑有业等分别率领地质调查科研团队奋战在高原南北艰险地区,承担多轮有关青藏高原的1:25万和1:5万区域地质调查和矿产调查项目任务,获得一批重要的基础地质数据,基础理论研究取得系列重要成果,地质找矿获得实质性进展,先后获得多项中国地质局地质调查优秀成果奖。2006年开始,为进一步总结青藏高原空白区1:25万区域地质大调查项目成果,中国地质调查局启动青藏高原大型综合研究项目,张克信、王国灿负责相关课题,围绕高原新生代地质过程和高原隆升进行积极探索和总结,取得系列创新性研究成果,培养了一批优秀人才。有关青藏高原大调查的系列工作成果为《青藏高原地质理论创新与找矿重大突破》荣获2011年度国家科学技术进步奖特等奖起到重要支撑作用,做出了突出贡献。

学校青藏高原科研团队对青藏高原的形成、演化和资源、环境效应所做的系统探索研究,为祖国富强、民族团结以及地学发展和人才培养贡献了巨大力量,它是中国地质大学发展史上的光辉篇章。学校师生历时数十年,前赴后继鏖战雪域高原,其勇敢、坚毅、豪迈、乐观、脚踏实地的品格和对事业的痴迷、对科学精神的坚守,使学校青藏高原科研团队成为了地大的一面旗帜、一支尖兵。

▲ 珠峰科学考察团地质组意在围绕珠峰开展较深入的基础地质研究工作,解决此前国内外尚未取得一致看法的珠峰地质构造特征和演化问题,地质组成员主要为湖北地质学院的青年教师,包括郭铁鹰(科考队长,左三)、郭兴(后勤主管,左五)、汪铁铭(右一)、莫宣学、梁定益(左二)、聂泽同(左四)、赵温霞、韦念龙、池三川等

▲ 1974年的珠峰科考,重点考察东至朋曲河谷,西止于绒辖河谷,北到曲布、曲宗及扎卡曲以南的我国境内。图为科考人员在珠峰脚下整装待发(左起:王洪宝、陈雷生、汪铁铭、韦念龙、梁定益、郭铁鹰)

第一部分 勇毅穿岁月,足迹印巅峰

▲ 1974年,聂泽同在中绒布冰川裂缝中考察

▲ 1974年5月,郭兴在中绒布冰川进行冰川成因考察

▶ 1975—1978年,学校同西藏地质局第二地质队合作开展罗布莎铬铁矿外围普查填图。图为西藏队为实测剖面,穿越丛林与激流

◀ 1979年全国第一届喜马拉雅地质大会在拉萨召开,特邀池际尚(左四)参加。图为担任西藏队顾问的池际尚于1979年在西藏泽当山区指导科学考察[刘增乾(右一),聂泽同(左二),何世沅(右三)]

▶ 1985年《阿里西部地区地质考察报告》成果验收会与会人员合影[前排左起:肖序常、马杏垣、郝诒纯、杨遵仪、西藏科技局领导(佚名)、王鸿祯、池际尚]

◀ 2003年7月,"青海1∶25万不冻泉幅、库赛湖幅区域地质调查"项目组部分成员在可可西里无人区野外营地合影[前排左起:刘德民、张师傅(司机)、谢德凡、蔡雄飞、袁晏明、王国灿、李德威;后排:魏启荣(左四)、贾春兴(左五)、曹树钊(左六)以及相关后勤服务人员]

登山科考活动

参与国家行动

📍 1975年5月27日　珠穆朗玛峰

1975年5月27日下午2时20分,中国登山队的8名男队员和1名女队员(潘多)成功登顶珠穆朗玛峰。王富洲(党委书记)、王洪宝(曾任突击队长)、彭淑力、尚子平、仲禹、汪铁铭、郭兴(后勤队长)、何渭平等学校教师和校友参与了此次攀登活动。王洪宝抵达海拔8600m高度,尚子平、彭淑力抵达海拔8200m高度。

◀ 登山队党委书记王富洲(右二)在海拔6000m营地与队员学习党的理论
(图引自:《再次登上珠穆朗玛峰》,1975)

▲ 王富洲（右）与队长史占春（中）、副队长许竞（左）在6500m营地观察北坳地形
（图引自：《再次登上珠穆朗玛峰》，1975）

▲ 考察修路组背着金属梯翻越北坳，它将架在第二台阶，帮助队员渡过天险
（图引自：《再次登上珠穆朗玛峰》，1975）

第一部分　勇毅穿岁月，足迹印巅峰

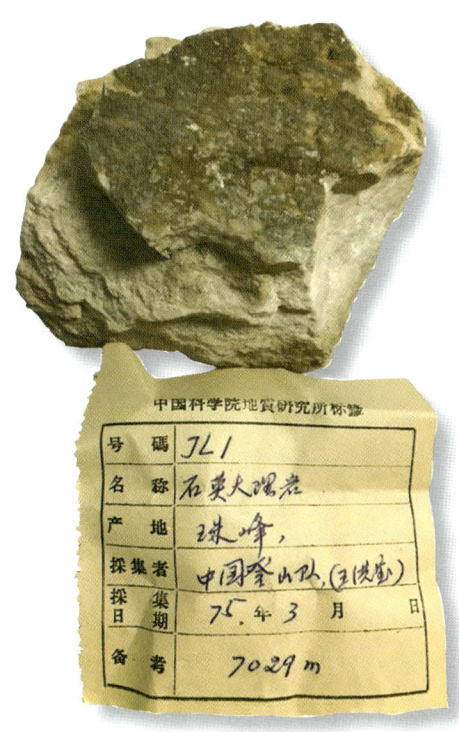

▲ 王洪宝在海拔7028m营地附近采集的岩石标本
（图引自：刘强，2021）

▶ 1975年5月27日下午2时20分，中国登山队9名队员登顶珠峰，并在顶峰架设觇标，开展测量。之后，国家公布珠峰高程为8848.13m
（图引自：《再次登上珠穆朗玛峰》，1975）

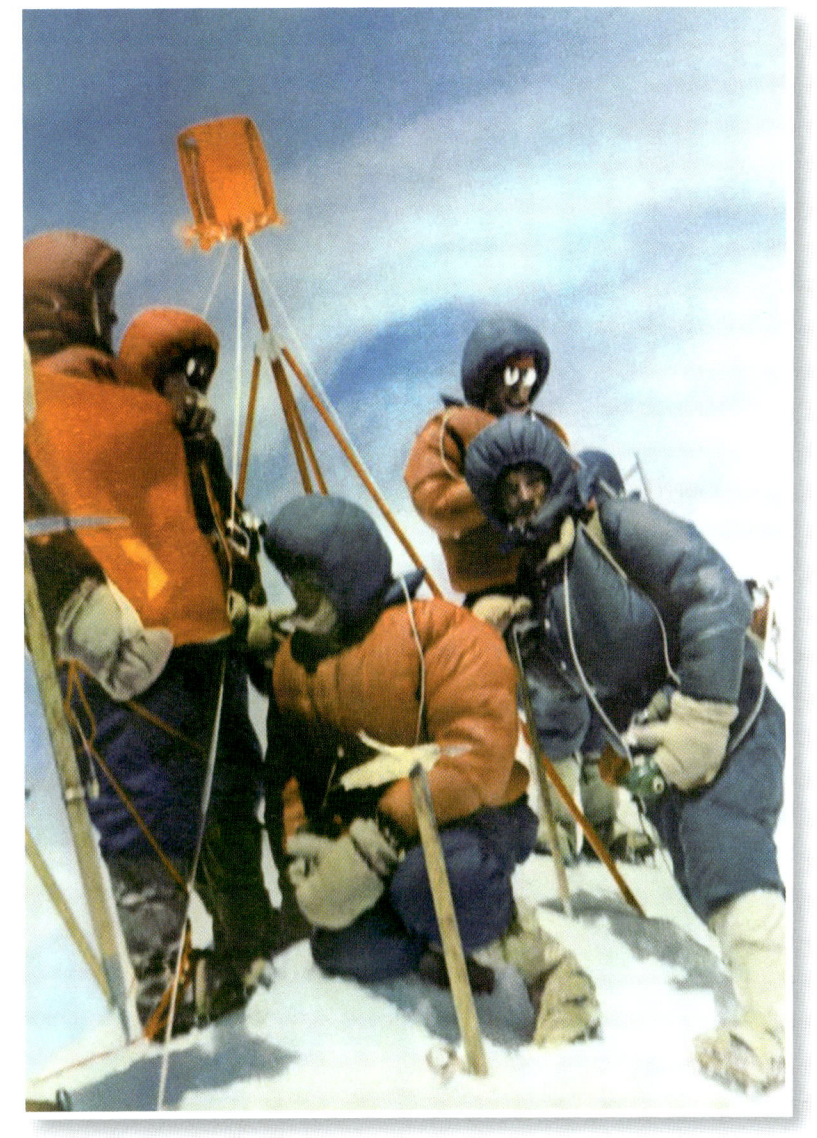

1984年9月12—14日　阿尼玛卿Ⅱ峰

1984年9月,武汉地质学院登山队与日本长野县山岳协会登山队组成中日联合登山技术集训队,合作攀登阿尼玛卿Ⅱ峰。在这次活动中,日本长野县山岳协会派出了12名队员,我国派出22名队员,其中17名是武汉地质学院在校生——他们经过半年的体能和技术训练,在1984年6月登顶阿尼玛卿Ⅲ峰的基础上,向阿尼玛卿Ⅱ峰发起冲锋。

9月11日,第一梯队中日双方11名队员从冰雪覆盖的海拔5200m前进营地出发,行进至海拔5800m处时突然遭遇了一场雪崩,日方队员古畠俊彦、丸山胜治和女队员下山真理枝,中方队员曾曙生、陈建军、常林昌、包德清共7名队员瞬间被崩塌而下的浮雪埋没,在这千钧一发之际,王勇峰、李致新、刘强和熊继平4名队员拼尽全力抢救遇险人员,只用了10分钟就将他们全部救出。此后,业界把在这次登山活动中表现出的不怕困难、勇于攀登、舍己救人、顽强奋战的精神概括为"阿尼玛卿精神"。

这次登山活动共有17人(中方6人,日方11人)登上阿尼玛卿Ⅱ峰,其中武汉地质学院登山队员包德清、熊继平、王勇峰、刘强于9月13日上午9时50分胜利登顶,另有13人(中方2人,日方11人)在9月12日和9月14日先后登顶。

▶ 第四次中日登山技术合练开学大会
(中国登山协会提供)

第一部分　勇毅穿岁月，足迹印巅峰

▲ 队员在阿尼玛卿峰大本营合影
（中国登山协会提供）

▲ 攀登途中［李致新（右一）］
（中国登山协会提供）

▲ 向上挺进
（中国登山协会提供）

▲ 1984年9月13日上午9时50分，武汉地质学院登山队员胜利登顶阿尼玛卿Ⅱ峰（右起：王勇峰、包德清、熊继平、刘强）
（中国登山协会提供）

▲ 地矿部部长孙大光（右）接见攀登阿尼玛卿Ⅱ峰的登山队员（左起：佟璐、宋玉玲、赵连友、朱发荣）
（中国登山协会提供）

▲ 中国登山协会名誉主席杨得志(前排左八)在人民大会堂接见攀登阿尼玛卿Ⅱ峰的中日队员[前排：史占春(左一)，姚秉忠(左三)，清水澄(右七)，李武元(右四)，赵鹏大(右三)，孟宪来(右二)，白进孝(右一)。二排：郭兴(左一)，古畠(左七)，王凤桐(右三)。三排：朱发荣(左三)，熊继平(左四)，庄小丽(左五)，段连秀(左六)，佟璐(左七)，李致新(左八)。四排：陈尚仁(左一)，赵连友(左二)，董范(左七)，宋玉玲(左九)，王勇峰(右二)，曾曙生(右一)]
(中国登山协会提供)

1985年5月26—28日　纳木那尼峰

纳木那尼峰海拔7694m,它在西藏阿里地区普兰县境内,地处喜马拉雅山脉西段,位于东经81°,北纬30°,北面是"神湖"玛旁雍错、"鬼湖"拉昂错,隔湖相望的是海拔6638m的"神山"冈仁波齐峰。这一地区被佛教和印度教奉为"宇宙的中心",每年5月至10月都有成千上万慕名而来的朝圣者。英国和奥地利等国家的登山家曾试图攀登此山,但结果都望峰兴叹,最高抵达约海拔7000m处即被迫折返,因此,纳木那尼峰在1985年尚为一座未登峰。

1985年5月,中日正式组成纳木那尼峰联合登山队,全队共72人,其中包括登山队员22人,科考队员12人,由史占春担任总队长,日本斋藤生担任副总队长。武汉地质学院包德清、王勇峰、李致新参加了此次活动,其中李致新、王勇峰承担路线考察任务,王勇峰还担负高山地质科考工作。5月26日,首批8名队员登顶。

5月28日,联合登山队向纳木那尼峰展开第二次突击。王勇峰入选第二突击队,包德清、李致新等入选第三突击队。天刚亮,纳木那尼峰雪线上就刮起八级大风。上午8时许,第二梯队在离开海拔7420m处的突击营地不久,日方队员角谷弘司就出现了严重的高山反应,神志不清,危及生命,登山队总队长史占春立即下达了抢救和护送角谷弘司下山的命令。在生死攸关时刻,学校李致新、尚子平等毅然放弃登顶机会,同王勇峰等组成抢救队护送角谷弘司下撤,最终角谷弘司顺利脱险,李致新等也因抢救伤员而无缘顶峰。当日上午10时12分,杨久辉和齐米登顶。下午1时4分,包德清、曹安、陈建军登顶。

中日双方此行还进行了一系列科考活动,中方科考组由中国科学院地质研究所、兰州冰川冻土研究所和武汉地质学院组成,主要考察项目有地质、第四纪地质、冰川气象和冰川地貌等。在学校王勇峰、李致新和包德清的协助下,科考组取得了大本营至顶峰的较系统的岩石标本及有关地质数据,为确定纳木那尼峰岩石的时代及其发展历史提供了宝贵资料。

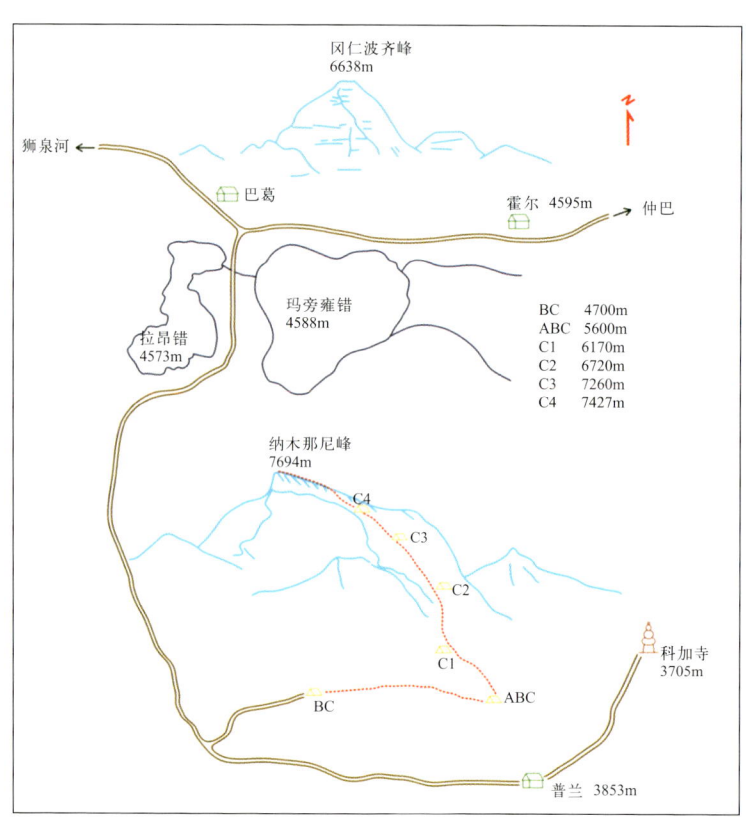

▲ 纳木那尼峰首次攀登路线示意图(绘图:山人)
(图引自:《风雪五十载》编委会,2005)

◆ | 第一部分　勇毅穿岁月，足迹印巅峰

◀ 大本营设在扎龙马龙巴冰川舌部
（中国登山协会提供）

▼ 北壁的顶部，队员越过正面的明裂缝可到达二号营地
（图引自：中日友好纳木那尼峰联合登山队，1986）

◀ 5月28日，李致新、尚子平、王勇峰等抢救日方高山反应患者角谷弘司——用三条登山绳将其固定并拖滑着下降
（图引自：中日友好纳木那尼峰联合登山队，1986）

▶ 5月28日，第三突击队包德清（右）、曹安（左）、陈建军抵达顶峰
（图引自：中日友好纳木那尼峰联合登山队，1986）

第一部分 勇毅穿岁月，足迹印巅峰

▲ 科考队员在纳木那尼峰及其周围开展科考活动，图为队员做古地磁气调查
（图引自：中日友好纳木那尼峰联合登山队，1986）

1996年10月7日　穷母岗日峰

穷母岗日峰位于西藏自治区尼木县境内，海拔7048m，坐落在念青唐古拉山脉东面，位于东经90°，北纬29.9°，东北面是海拔6366m的素格峰和海拔7162m的念青唐古拉峰。中韩两国建交后的首次大规模登山合作即攀登西藏境内的两座未登峰——穷母岗日峰和冷布岗日峰，学校张志坚、马欣祥和校友李致新、王勇峰等参加了此次活动，并于1996年10月7日成功登顶穷母岗日峰。

▲ 1996年10月1日，中方队员在大本营举行了升旗仪式
（右一升旗手：李致新）

▲ 穷母岗日峰脚下的登山大本营
（中国登山协会提供）

▲ 从一号营地至二号营地途中
（图引自：《风雪五十载》编委会，2005）

▲ 1996年10月7日，中韩联合登山队首次成功登上穷母岗日峰
[王勇峰（左一），张志坚（右二）]
（图引自：《风雪五十载》编委会，2005）

1998年5月24日　珠穆朗玛峰

为庆祝中国和斯洛伐克建交5周年，斯洛伐克登山协会与中国登山协会于1997年在斯洛伐克首都布拉迪斯拉发签订协议书，约定将在次年春联合攀登珠穆朗玛峰。学校1995级城市工程物探专业学生次落入选中斯联合登山队，参加此次活动。1998年3月27日，中斯联合登山队30余人正式进驻珠峰大本营。经过一个多月的训练，登山队于5月6日正式开始向珠峰发起冲击。中方队员因此前承担了很多建营、修路、运输等繁重的任务，体能消耗大，3名主力还在攀登过程中迷失了方向，最终都负伤无缘顶峰。5月17日，中方被迫临时换将——两个20多岁的小伙子次落和木世俊组成第二突击组继续冲顶，不久，木世俊因冻伤被送回营地。19日，斯洛伐克方面已有3人登顶，中国队却尚无一人登顶。正当中方准备撤营、宣布登顶失败时，次落主动请缨，坚持要冲击顶峰。

5月19日下午，经组织允许，次落带着中国队全体队员的厚望，开始了孤勇走珠峰的历程。20日，成功抵达海拔7028m的北坳营地；21日顺利通过大风口，抵达海拔7790m的3号营地；22日，由于风太大，被迫折回北坳营地；23日，次落直接越过3号营地，从海拔7028m直冲海拔8300m突击营地，酝酿最后的冲刺。5月24日凌晨4点，次落戴好头灯，趁着朦胧的夜色从海拔8300m营地向顶峰进发。12点30分，次落终于登顶珠峰之巅，成为此次联合攀登活动中唯一登顶的中方队员，也是中国第一个登上珠峰的在校大学生。

▲ 1997年12月，学校欢送次落赴京参加1998年攀登珠穆朗玛峰的集训（左起：郑超、蔡继彪、姚书振、刘亚东、卢文忠、次落）

第一部分　勇毅穿岁月，足迹印巅峰

◀ 次落（左二）在神农架训练
（中国登山协会提供）

▲ 次落在通向珠峰前进营地的途中休息
（中国登山协会提供）

▲ 次落在海拔7790m营地到8300m营地的途中
（中国登山协会提供）

085

▲ 次落从海拔7790m营地下撤
(图引自:《风雪五十载》编委会,2005)

▲ 1998年5月24日12时30分,次落(右)登顶珠峰
(图引自:《风雪五十载》编委会,2005)

| 第一部分　勇毅穿岁月，足迹印巅峰

▲ 1998年5月28日，中国和斯洛伐克联合成功攀登珠峰庆功大会在人民大会堂举行（二排左九为次落）
（图引自：胡燕生等，2012）

2008年5月8日　珠穆朗玛峰

2008年5月8日上午9时17分，奥运圣火成功登顶珠峰，中国地质大学登山军团在此次活动中勇挑大梁。登顶队员中，有2005级学生袁复栋，1984届校友王勇峰（突击队队长），1999届校友次落（后援队队长），2008级校友德庆欧珠、次仁旦达。此外1985届校友、中国登山协会常务副主席李致新担任活动总指挥；1984届校友、中国登山协会办公室主任张志坚任新闻总发言人；1986届校友、中国登山协会培训部主任马欣祥担任中央电视台现场直播演播室技术总顾问；2006级学生丁晨入选登山队，是全队最小的登山队员，在后勤保障中发挥了重要作用；2005级学生张瑜参与了中央电视台奥运圣火登顶珠峰现场直播组，协助承担电视直播工作；学校原人文与经济学院教师梁奕世被选调到北京奥组委火炬传递中心……

▲ 2007年，次落受命担任奥运火炬接力珠峰传递测试组组长，成功带领测试队员将火炬带到珠峰之巅并完成测试任务
（图引自：胡燕生等，2012）

第一部分 勇毅穿岁月，足迹印巅峰

▲ 地大登山军团在珠峰大本营展示校旗（左起：次落、李致新、王勇峰、张志坚、袁复栋）
（图引自：袁复栋，2016）

▲ 2008年,袁复栋向海拔7790m营地进发
(图引自:史卫静,2020)

▶ 次落向海拔8300m营地进发
(图引自:史卫静,2020)

第一部分 勇毅穿岁月，足迹印巅峰

▲ 2008年5月8日9时17分，奥运圣火成功登顶珠峰，学校袁复栋（展示国旗者）及校友王勇峰、次落（展示奥运五环旗者）登顶
（中国登山协会提供）

▲ 袁复栋在珠峰之巅手擎奥运火炬
（图引自：史卫静，2020）

▲ 王勇峰（右）在海拔6500m营地交接火种灯
（图引自：史卫静，2020）

▲ 李致新（左）在珠峰大本营从火种灯内引出奥运圣火并点燃圣火盆
（图引自：周欣，2020）

▲ 张志坚在绒布寺新闻中心为中外记者介绍中国登山队攀登路线及进程
（图引自：胡燕生等，2012）

▶ 2008年11月14日,地大登珠峰军团杰出校友报告会在弘毅堂举行(右起:马欣祥、王勇峰、李致新、张志坚、次落)

▶ 奥运圣火珠峰传递总指挥李致新(左)代表地大登珠峰军团向学校赠送纪念品,校长张锦高代表学校受赠

独立组队/强强联合行动

1984年6月10日　阿尼玛卿Ⅲ峰

1984年5月18日，郭铁鹰、纪克诚、艾顺奉、仲禹、梁定益、郭兴等老师带领学校登山队赴青海境内阿尼玛卿Ⅲ峰进行登山训练，为中日联合攀登阿尼玛卿Ⅱ峰做准备。登山队将大本营建在海拔4800m处，6月7日到达海拔5000m的一号营地；9日抵达海拔5400m的二号营地；10日清晨6名突击队员分为两组向顶峰发起冲刺。这天寒风怒吼，通往顶峰的道路上冰裂缝密布且多被大雪覆盖，加上队员两天来滴水未进，大多高山反应强烈。行进约10小时后，队伍还没到达顶峰，为安全起见，大本营命令队员撤回，但是53岁的老教员梁定益和地质系学生包德清强烈请求攻顶，被批准后，二人于下午4时8分征服了未登峰阿尼玛卿Ⅲ峰。此次活动是学校南迁办学后首次独立组队的攀登行动，在学校登山发展史上有着特殊意义。在此次活动中，队员们弘扬学校登山科考两翼齐飞的优良传统，在登山的同时还进行了一系列科考活动。

◀ 包德清在阿尼玛卿Ⅲ峰之巅展示校旗
（包德清提供）

📍 1988年9月24—25日　雀儿山

　　雀儿山主峰海拔6168m，在1988年尚属无人涉足的处女峰。1988年9月，按照学校与日本神户大学签订的友好协议，两校联合登山队正式出征雀儿山，并于9月下旬分3批成功登顶——9月24日下午1时，中方董范、郑超、张志坚、张伟和日方北口博教、船原尚武、竹内铁二、杉本直子共8名队员成功登顶；下午3时12分，中方马欣祥、孟宪国、张军和日方川端充共4名队员成功登顶；25日中午12时17分，日方武治和堀洋成功登顶。

　　这次登山活动是学校南迁恢复登山队后首次独立组队参加国际性的登山活动，恢复了登山传统，积累了登山经验，培养了新一代登山队员。

▲ 雀儿山之巅

▲ 登山队员在雀儿山大本营合影（左起：郑超、张伟、杉本直子、张志坚、日本队员（佚名）、张军、北口博教、孟宪国、胡燕生、武治、董范、船原尚武、堀洋、马欣祥、刘亚飞、川端充）

▲ 攀登途中
（图引自：胡燕生等，2012）

第一部分 勇毅穿岁月，足迹印巅峰

▲ 在冰裂缝区域穿行
（胡燕生提供）

▶ 翻越大雪坡
（图引自：胡燕生等，2012）

▲ 救援落入冰裂缝中的日本队员杉本直子
（图引自：胡燕生等，2012）

▶ 1988年9月24日下午1时，首批队员登顶雀儿山主峰（左起：郑超、张伟、董范、船原尚武、杉本直子、张志坚）
（图引自：胡燕生等，2012）

第一部分　勇毅穿岁月，足迹印巅峰

▲ 1988年10月7日，学校隆重举行中国地质大学（武汉）、神户大学联合攀登雀儿山庆祝大会

▶ 此次攀登雀儿山的活动使得中日结下了深厚友谊，雀儿山也成为学校和神户大学友好合作的象征。图为日本队员回国前的留言
（胡燕生提供）

1997年9月　希夏邦马峰

希夏邦马峰海拔8012m，地处青藏高原的南缘，在气候上受到西风急流的控制，有时候一两个月也很难遇到连续几天适合登山的好天气。海拔8000m左右的高空风速可达到40m/s，强劲的高空风卷起漫天雪雾，使人难辨天地。险峻的山势、恶劣的气候以及数不清的冰雪裂缝和纵横突兀的冰坡雪岭形成了一道道天然屏障，给攀登者带来许多困难和危险。

1997年夏秋之交，学校登山队出征希夏邦马峰，这是中国高校登山队首次挑战海拔8000m以上的山峰。登山队原计划将前进营地建在海拔5800m的冰塔林边一片开阔的平地上，从大本营到前进营地的物资由牦牛运输，海拔5800m以上则由队员运输，这一计划主要是依据1994年日本登山者攀登希夏邦马峰的报告而制定，但时过三年，报告中所提到的冰川在日照和冰川运动中发生了巨大变化，原来的路线已经面目全非，牦牛无法按原计划抵达海拔5800m营地，因此，队伍的物资运输压力陡增。迫于无奈，登山队只好把前进营地建在海拔5400m处。

9月22日，队员计划由海拔6900m营地前往海拔7450m营地，但因前夜大雪，积雪较深，就在队员行进至大约海拔7200m处准备横切通过一个大雪坡时，雪坡顶部雪檐猛然坍塌，队伍遭遇雪崩，被迫折返，幸无人员伤亡。25日中午12时30分，队伍抵达海拔7850m高度，离顶峰仅百米之遥，但因天气等原因被迫放弃登顶计划。尽管抱憾而归，但这支勇敢的登山队伍还是创下了多项当时全国第一的纪录：这是一支学历层次最高的登山队，队伍中有2名教授、1名副教授、2名博士；他们所抵达的海拔7850m的高度也创造了中国大学生登山的最高纪录——登上此高度的有副教授1名，学生3名（含博士2名）；队伍中2名60多岁的队员还创下了中国登山史上的年龄之最。

第一部分 勇毅穿岁月，足迹印巅峰

◀ 1997年6月28日，地矿部中国地质大学登山队攀登希夏邦马峰学术登山队成立大会举行，校领导与登山队员合影（前排左起：王家映、佚名、张锦高、姚炳忠、赵克让、张汉凯、佚名、丁振国；二排左起：胡燕生、朱发荣、马欣祥、张志坚、董范、卢杰、刘亚非、次落、王四海、周云、桑楚南；三排左起：邢相勤、余心根、陈银琢、叶慧芳、兰廷泽、向东、陈木松、高芸、张吉军）

▶ 8月22日，登山队从地矿部领导手中接过队旗（左起：董范、张志坚、张锦高、地矿部领导、胡燕生、马欣祥、赵克让）

101

◀ 商讨攀登方案（左起：清水澄、胡燕生、张志坚）

▶ 10月9日，副校长王家映（左一）等校领导到武昌站迎接登山队员归来[卢杰（右一），朱发荣（右三），胡燕生（右四），次落（右五）]

2002年6月4日　格拉丹东峰（长江源科考）

格拉丹东峰位于青海省格尔木市，地处东经91°，北纬33.5°，海拔6621m，是念青唐古拉山脉最高峰。格拉丹东峰周围有20余座海拔6000m以上的雪山，形成了念青唐古拉山脉最大的高峰群，峰群南北长约50km，东西宽约30km，在面积1500km^{2}的高峰区发育着100多条现代冰川。

2002年5月20日，由学校14名学生和5名教师组成的科学考察队踏上征程，这是国内高校首次组织的在校大学生长江源科考活动，领队为李长安教授。为期约20天的科考活动分为两组，一组以科考为主，另一组以登山为主，即挑战格拉丹东主峰。

登山组教师董范和学生原海涛等冲击格拉丹东顶峰，3名学生登达海拔6200m处。科考组队员沿格尔木—沱沱河—尕尔曲—格拉丹东峰，对长江源头的冰川、植被、冻土、水质和草场的自然生态状况及存在的污染问题等进行考察，并对青藏公路的生态环境及牧民的受教育情况等进行了调查，考察结果表明"冰雪在消退，植被在损坏，土壤在沙化，水质在浑浊，'母亲河'在呻吟，社会发展与自然和谐在冲撞"。此行还收集到了难得一见的冰川条痕石标本和花岗岩、沉积岩、火山岩标本，为保护母亲河提供了资料并提出了相应的建议。

▶ 校长殷鸿福院士在长江源科学考察队出征仪式上讲话

中国地质大学登山图史

▲ 科考人员在格拉丹东峰前合影
（图引自：胡燕生等，2012）

2006年9月7—8日　玉珠峰

　　玉珠峰海拔6178m,位于青海省格尔木市,是昆仑山东段最高峰。玉珠峰的山形地貌对于初学登山者是非常理想的。2006年,北京2008年奥运会在珠峰取圣火的方案已获得批准,为选拔奥运火炬珠峰传递火炬手,进一步培养并锻炼登山队伍,学校在2006年9月开展了攀登玉珠峰的活动,队员在9月7—8日分两批向玉珠峰发起冲刺,包括袁复栋等5名学生在内的12人成功登顶玉珠峰。

▲ 远眺玉珠峰
(图引自互联网)

◀ 登山队在玉珠峰大本营

▶ 9月7日上午9时3分,袁复栋(右)、张瑜(左)首批登顶玉珠峰

2008年10月2日　卓奥友峰

卓奥友峰也称乔乌雅峰,位于东经86.6°,北纬28°,在西藏自治区定日县境内,坐落于喜马拉雅山脉中段珠峰西北29km处,是我国和尼泊尔的界山,海拔8201m,是世界第六高峰。

2008年10月2日,学校登山队经过顽强拼搏,6名队员分两批登顶卓奥友峰——登山队队长董范和政法学院2008级新生德庆欧珠于6时40分登顶;体育部2005级学生高琳(女)、张瑜,机械与电子信息学院2005级学生袁复栋,艺术与传媒学院2008级新生次仁旦达于上午8时50分成功登顶。这是学校建校以来首次独立登上海拔8000m以上高峰。此次登山活动同科考工作紧密结合,队员考察了海拔3900m至6400m喜马拉雅山脉的岩石构成,采集了大量岩石样本。

▶ 从前进营地到一号营地,队员攀登在坡度约35°的碎石坡上

▲ 从二号营地至三号营地,队员翻越大雪坡

▲ 队员陈晨横切坡度约80°的雪坡

第一部分 勇毅穿岁月,足迹印巅峰

▲ 队长董范登顶卓奥友峰

▲ 张瑜(左)和袁复栋(右)在卓奥友峰之巅展示校旗

2009年11月5—7日 若尼Ⅱ峰

若尼Ⅱ峰（KG-2）位于西藏东南部岗日嘎布山群，海拔6805m（此次登顶测量的数据）。岗日嘎布山群全长280km，分布了34座海拔6000m以上的独立山峰，此前，尚无人类足迹延伸至山峰之巅。2005年瑞士登山队尝试了3条不同的登山路线但均告失败。

2009年10—11月，中国地质大学（武汉）和日本神户大学联合登山队攀登若尼Ⅱ峰。11月5日下午1时18分，经过近10个小时的攀登，学校两位年轻的登山队员德庆欧珠和次仁旦达成功登顶若尼Ⅱ峰，岗日嘎布山群迎来了新的攀登时代。两天之后的11月7日下午3时36分，两名日本队员矢崎雅则和近藤昂一郎也登上顶峰，为此次攀登活动画上了圆满的句号。

▲ 日方队长井上达男（左）和中方队长董范（右）

▲ 若尼Ⅱ峰地区裂缝密布，且属于海洋性冰川，从冰川的舌部到山的鞍部、山脊及顶峰都分布着众多的明暗冰裂缝，在此次攀登过程中，每个队员都曾掉进过裂缝中，多的有近十次

第一部分　勇毅穿岁月，足迹印巅峰

▲ 修路途中，队员中途休息，隔着巨大的冰裂缝对饮

▲ 中方队员德庆欧珠对掉进冰裂缝中的日方队员进行施救

▲ 一号营地，海拔4750m，可以清楚地看到至顶峰的攀登路线，也是此次攀登活动的指挥营地

▲ 11月5日凌晨，中方5名队员德庆欧珠、次仁旦达、袁复栋、李生鹏和宋红率先从二号营地冲顶，10时左右，冲顶队员到达海拔6300m的高度，由于路绳和雪锥用尽，(左起)宋红、李生鹏、袁复栋3名队员被迫下撤

▲ 11月5日下午1时18分,德庆欧珠和次仁旦达到达若尼Ⅱ峰之巅,图为德庆欧珠在顶峰展示队旗

▲ 日方队员在海拔5900m处建立了三号营地,11月7日,两名队员也到达顶峰。图为近藤昂一郎在顶峰展示联合登山队队旗和神户大学校旗

走向世界

第三阶段概述

迈出国门，挑战地球九极

"7+2"是指攀登世界七大洲最高峰且徒步抵达南、北两极点的极限探险活动。"7"即攀登亚洲珠穆朗玛峰（Mount Qomolangma，海拔8848.86m）、欧洲厄尔布鲁士峰（Mount Elbrus，海拔5642m）、南美洲阿空加瓜峰（Aconcagua，海拔6962m）、北美洲迪纳利峰（Mount Denali，海拔6194m）、非洲乞力马扎罗峰（Kilimanjaro，海拔5895m）、南极洲文森峰（Vinson Massif，海拔4897m）和大洋洲科修斯科峰（Mount Kosciusko，海拔2228m，海拔5030m的查亚峰为大洋洲最高峰，但因近年未对外开放，业界以澳大利亚大陆最高峰科修斯科峰代替之），"2"即从89°S、89°N出发徒步行进1个纬度抵达南、北极点。从2012年5月19日登顶珠穆朗玛峰至2016年12月25日徒步抵达南极点，中国地质大学登山队历时1756天，"丈量"了地球上12万千米的距离，成为世界上第一支独立组队并完成"7+2"登山科考活动的大学登山队。在登山探险的同时，以陈刚教授为代表的队员还进行了大量科学考察工作，获取了全球三大卫星导航系统的多项静态、动态数据，采集了地球各地雪样共50瓶、各类水样共30L、岩石样本共40kg，4年间成功申报地学相关国家自然科学基金项目2项，为学校地质工程、环境工程和测绘科学技术等专业研究提供了大量的第一手科研数据，也为全球资源、环境等领域研究作出了重要贡献。

登山是位于金字塔尖的探险活动，"7+2"则是所有登山者的梦想，被称为探险界的全极限。学校"7+2"登山队遭遇2次雪崩、2次迷路、3次暴风雪、4次-35℃及以下低温、5次冰裂缝、6次冻伤、8次大风……在挑战极限过程中，队员经历了一次次生死危急时刻,每一次的奋力自救、绝处逢生、愈挫愈勇都充分展示了地大人勇攀高峰的浩气、攻坚克难的勇气和山高我为峰的志气,也用实际行动践行了"不畏艰险、顽强拼搏、团结协作、勇攀高峰"的登山精神。

▲ 2013年7月10日,学校举行"7+2"登山暨科考计划启动仪式

独立组队,自主勇攀高峰

学校的登山活动在组队形式方面经历了以"个人参与"为主到以"强强联合"为主至以"独立组队"为主的过程。20世纪五六十年代,登顶事关国家荣誉、民族尊严乃至国家主权,队员肩负了政治使命,从政府到民众都对攀登行动给予了超乎寻常的关注和支持,加之学校的登山运动尚处于积淀探索阶段,故而此阶段的登山活动多为师生个人参与国家组织的登山活动;20世纪后期,随着境内山峰逐步对外开放,外国登山者涌入中国,我国的民间登山活动由此拉开帷幕,这一阶段则以学校登山队同国外开展合作登山为特色;进入新世纪后,学校登山队的登山技术、登山经验以及学校登山人才培养经过数十年的积累已经足以广泛开展独立组队的高难度登山活动。2008年北京奥运火炬珠峰传递活动成功,学校独立组队成功登顶卓奥友峰,就萌生了单独组队挑战世界最高峰的构想,2012—2016年学校以单独组队的方式完成"7+2"登山科考壮举。

提升质量，强化人才培养

学校的登山体育教育几乎同登山活动同步发展。2005年学校率先在国内开设了户外运动本科专业，2007年开始招收体育教育训练学登山户外方向硕士研究生，2014年获批体育硕士专业学位授权点，2018年成立了体育学院，同时与中国登山协会签订合作协议共建中国登山户外运动学院。学校的登山户外运动，伴随国家发展，一路迅猛向前，同地学、珠宝一起成为学校的三张名片。体育学院暨中国登山户外运动学院的成立，开启了学校体育学科发展和登山运动发展的新征程。近年，学校以推动我国登山户外运动高水平发展为宗旨，整合国内外优质资源，开展包括大众户外休闲与探险、高水平竞技、户外产业经济、户外资源调查规划和青少年户外教育等领域的人才培养、科学研究以及社会服务工作，逐步构建中国登山户外运动的完整理论体系和高层次人才培养体系，为促进我国登山户外运动健康快速发展提供支撑。

▶ 2018年11月16日，国家体育总局登山运动管理中心主任、中国登山协会主席李致新（左二），湖北省体育局局长胡功民（右三），西藏自治区体育局正厅级巡视员旺青格烈（左三），学校党委书记何光彩（右二），武汉体育学院副校长王志强（右一），武汉市体育局副局长陈林祥（左一）共同为中国登山户外运动学院揭牌

齐头并进，攀岩再创佳绩

2008年，学校攀岩馆规模进一步扩大，加建了国际标准的速度赛道，安装了标准速度点，还将亚洲攀岩锦标赛的8组标准攀石墙全部移建过来，使攀岩馆一跃成为亚洲最大的室内攀岩馆。2016年国际奥委会宣布攀岩入奥，给此项运动的发展和普及带来了全新的机遇。2017年1月，湖北省攀岩队正式在学校挂牌成立。在人才培养方面，学校的攀岩运动取得了令人瞩目的成就，梁荣琪、牛笛、潘愚非、田沛阳等在国际国内攀岩赛事上屡获佳绩。梁荣琪、牛笛在第十三届全运会攀岩赛中夺得2金，分别获得男子、女子速度赛冠军。牛笛、潘愚非在第十四届全运会攀岩赛中夺得2金，分别荣获女子速度赛冠军、男子两项全能冠军。潘愚非作为奥运史上首批攀岩选手、中国仅有的两位奥运攀岩选手之一，参加了2021年东京奥运会攀岩比赛。

◀ 梁荣琪，男，1994年生，攀岩运动健将，中国地质大学（武汉）社会体育专业2016届本科毕业生，体育教育训练学专业2019届毕业研究生，现任中国地质大学（武汉）体育学院教师。2017年第十三届全运会攀岩男子速度赛冠军

第一部分 勇毅穿岁月，足迹印巅峰

▲ 牛笛，女，1996年生，攀岩国际级运动健将，中国地质大学（武汉）社会体育指导与管理专业2019届本科生，体育教育训练学专业2019级硕士研究生。图为牛笛（左）在2021年全国第十四届全运会攀岩比赛中以6.745秒的成绩超世界纪录并再次获得全运会金牌

▲ 潘愚非，男，2000年生，攀岩国际级运动健将，中国地质大学（武汉）社会体育指导与管理专业2018级本科生。图为潘愚非在2021年东京奥运会攀岩男子难度预赛中
（图引自：新华社）

▶ 2019年12月27日，党委书记黄晓玫、校长王焰新等校领导陪同教育部党组成员、副部长钟登华调研，参观攀岩馆并观看攀岩表演（后排左起：董范、侯志军、刘杰、王华、李楠、王焰新、钟登华、黄晓玫、徐青森、佚名、傅安洲、佚名、赖旭龙、王林清）

117

登山科考活动

"7+2"挑战地球九极

📍 2012年5月19日　珠穆朗玛峰

中国地质大学单独组队攀登珠峰的构想,发轫于2008年北京奥运火炬珠峰传递成功、学校独立组队成功登顶卓奥友峰之后。2009年,单独组队攀登珠峰的计划作为向学校建校60周年献礼的活动,经过科学论证得到学校批准。经过层层选拔,9名教师和21名学生从200余名师生中脱颖而出。2012年3月5日,中国地质大学珠峰登山队成立。这是国内首个挑战珠峰的高校团队,与商业登山不同的是,队员不仅要冲顶,还要完成极具学校特色的科考任务。学校体育课部副主任董范教授受命领衔珠峰登山队。

为攀登珠峰,学校登山队一行20余人于2011年赴青海玉珠峰进行登山训练。2012年3月下旬正式出征珠峰,经过在拉萨、珠峰地区为期两个月的适应性训练,登山队开始实施冲顶计划。但珠峰地区变化无常的天气使得登山计划屡屡受挫,眼见冲顶的最佳"时间窗口"一天天地临近,经过紧急会商,队伍决定取消原先的7人攻顶计划,改为5人组成突击队、4人冲顶、1人接应、运输组和冲顶组同时出发的模式,以降低运输压力。5月13日,突击队离开珠峰大本营正式向顶峰发起冲击。19日凌晨1时15分,冲顶队员从突击营地出发,经过7个小时艰苦卓绝的攀登,董范、陈晨、德庆欧珠、次仁旦达于上午8时16分成功登顶世界之巅!此次登顶创造了多项"第一":我国第一支登上珠峰的大学登山队,陈晨成为第一个登顶珠峰的中国在校女大学生……

为表彰中国地质大学为登山事业所做的贡献,发扬登山队员们"不畏艰险、挑战自我、大胆探索、勇攀高峰"的精神,推动登山运动在大学生中健康可持续发展,中国登山协会于2012年6月授予学校"中国登山事业发展特别贡献奖"。2013年5月4日,陈晨受邀出席"实现中国梦 青春勇担当"主题团日活动,受到习近平总书记的亲切接见并勉励她要勇往直前,不断地攀上人生新的高峰。

| 第一部分　勇毅穿岁月，足迹印巅峰

▲ 2011年8月，队员赴玉珠峰进行登山训练，并于18—19日分批登顶玉珠峰，图为首批登顶队员在玉珠峰顶（左起：严禄诚、次仁旦达、宋红、袁复栋、佚名）

◀ 陈刚教授在玉珠峰顶开展测量，这是首次在玉珠峰顶做北斗导航定位设备测试

◀ 2012年3月19日，校庆60周年2012年攀登珠穆朗玛峰动员大会举行，校党委书记郝翔（右）为登山队总指挥董范（左）授旗

第一部分　勇毅穿岁月，足迹印巅峰

▸ 2012年3月23日，队员在拉萨训练。适应性训练的内容从常规体能训练拓展至拉萨市内疾走，而后演进为在拉萨周边的多座小山徒步

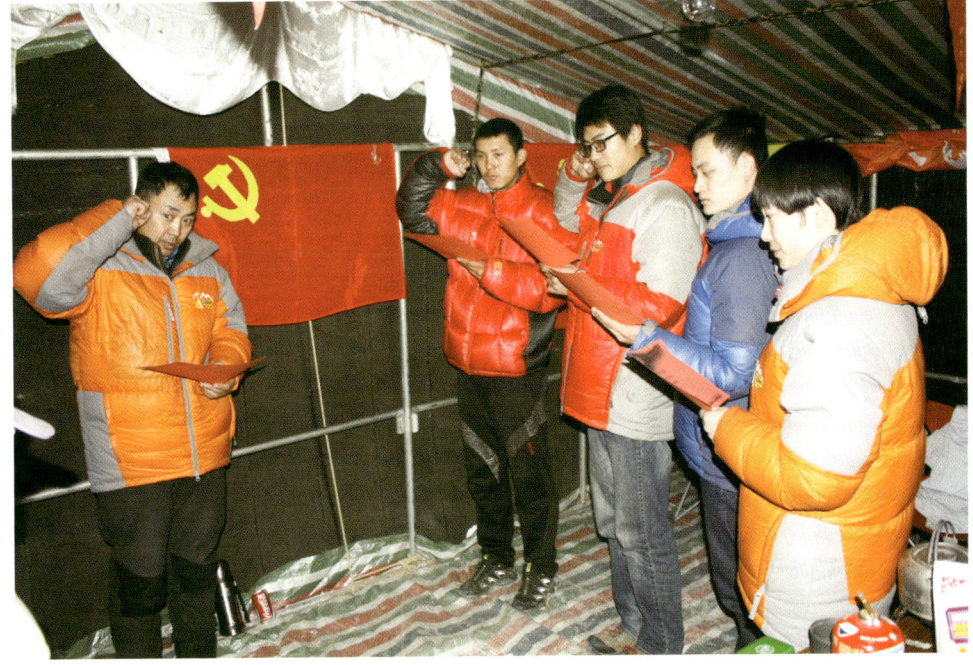

▸ 2012年4月20日，在珠峰大本营的帐篷里，4名年轻的登山队员火线入党。登山队党支部书记卢杰带领他们对党旗庄严宣誓（左起：卢杰、张瑜、吴东、张军、陈晨）

◀▲ 4月26日，陈刚教授带领科考队经过8个多小时的努力，终于找到并成功实地踏勘"Ⅲ7"珠峰测量控制点，同时还发现了2005年珠峰重测时国家测绘局第一大地测量队留下的"漂流瓶"，漂流瓶中放置的一张纸已严重碳化，但部分字迹仍依稀可辨

▲ 5月13日，突击队离开珠峰大本营向前进营地挺进，校党委副书记傅安洲（右二）率慰问团为冲顶队员壮行

第一部分 勇毅穿岁月,足迹印巅峰

▲ 5月16日,队员由前进营地向一号营地进发,融于苍茫的雪山中

▶ 5月17日,队员奋力攀登在海拔7028m高度

▼ 2012年5月19日上午8时16分,中国地质大学登山队四名队员(左起)次仁旦达、德庆欧珠、董范、陈晨成功登顶珠峰,在世界之巅展示校旗

▶ 5月19日凌晨,包括中国地质大学登山队在内的多支登山队伍依次出发冲顶,队员的头灯在夜间形成一道明亮的轨迹

| 第一部分　勇毅穿岁月，足迹印巅峰

◀ 5月19日凌晨5时，《来自珠穆朗玛的声音》直播现场开始了与珠峰大本营的对话。8时许，当登顶喜讯传来，直播大厅一片欢腾（左侧左一：校长王焰新；右侧，前排右四：党委书记郝翔，前排右一：党委副书记丁振国，前排右五：副校长邢相勤）

▶ 中国地质大学登山队凯旋，在机场受到学校和媒体的热烈欢迎

◀ 6月19日,中国登山协会常务副主席、校友李致新向学校颁发"中国登山事业发展特别贡献奖"

▶ 学校被授予"中国登山事业发展特别贡献奖"

2013年7月18日　厄尔布鲁士峰

厄尔布鲁士峰（简称厄峰）海拔5642m，为欧洲最高峰，是一座休眠火山，位于俄罗斯和格鲁吉亚两国交界处，地处北纬43°21'、东经42°26'，是学校"7+2"登山队迈出国门的第一站。厄峰是世界著名的登山旅游胜地，海拔虽然不到6000m，但其攀登难度并不低，需面对漫长的路线和多变的天气两大拦路虎——厄峰大本营设在约海拔3700m处，冲顶日要求攀登者当天往返，时间长达十几个小时，这对登山者体能要求很高；厄峰常有雷暴和雪崩发生，十分危险。

学校登山队于2013年7月13日奔赴莫斯科，16日进驻厄峰突击营地。18日上午4时45分，队员乘坐雪地拖拉机从突击营地出发，并于上午5时45分抵达海拔5000m的冲顶出发地。当地时间2013年7月18日上午9时6分（北京时间下午1时6分），登山队董范、陈晨、宋红、德庆欧珠、次仁旦达5人成功登顶，副队长牛小洪也于1小时后顺利登顶，由此，登山队圆满完成"7+2"登山科考第二站的计划。

▲ 7月14日，队员开展首次适应性训练，由海拔2000余米的旅馆向海拔超过3000m的契科特山挺进，沿途山路蜿蜒，风景如画

▲ 7月16日，攀登队员乘坐缆车抵达厄尔布鲁士峰大本营，住进"铁桶房"，开始攀登前的高海拔地区适应性训练，并等待适合攀登的天气

▲ 由于天气突变，登山队决定于18日提前冲顶。当天凌晨，队员们在狂风暴雪中整装待发（右起：宋红、陈晨、董范、牛小洪、德庆欧珠）

▲ 经历了-20℃的严寒以及超过40m/s的强风考验，学校登山队（左起）次仁旦达、宋红、董范、陈晨、德庆欧珠5人于北京时间2013年7月18日下午1时6分成功登上厄尔布鲁士峰

◀ 登山队员协助科考队员采集地下水样（左起：宋红、陈晨、次仁旦达）

2014年2月9日 乞力马扎罗峰

乞力马扎罗峰在非洲斯瓦希里语中意为"光明之山",主峰海拔5895m,是非洲最高峰。它位于坦桑尼亚东北部,南纬3°4′、东经37°21′,是坦桑尼亚和肯尼亚的分水岭,坐落在东非大裂谷以东约160km处,靠近肯尼亚边境,为东西方向延伸约80km的火山群。

学校登山队于2014年2月2日出征乞力马扎罗峰,由董范任队长,牛小洪任副队长,陈刚任科考队员,攀登队员包括周云、李伦、宋红、德庆欧珠、次仁旦达。登山队除进行登山和地学科考活动外,还根据运动人体科学研究的需要,测试采集登山队员的各关键点生理指标,供学校登山户外运动的人体科学研究使用。

此次活动是学校登山队参加中国登山协会组织的"中坦建交50周年"系列庆祝活动。当地时间2014年2月9日凌晨,登山队出发冲顶,遭遇了20年不遇的暴风雪天气,被强风暴雪阻挡在海拔5739m的斯戴拉峰(乞力马扎罗峰第二高点)。在天气稍微好转后,经历了近7个小时的艰难攀登,学校登山队于当地时间上午6时45分(北京时间上午11时45分)全部登顶乞力马扎罗峰之巅,顺利完成"7+2"登山科考第三站的计划。

▶ 2月5日,中坦2014乞力马扎罗峰联合登山队在坦桑尼亚举行出征仪式

▲ 2月5日,从马兰谷大门徒步6小时穿越热带雨林至曼德拉营地,图为队员抓紧时间晾晒湿透的鞋子和衣服(左起:董范、宋红、德庆欧珠)

▲ 2月9日,登山队员在20年不遇的暴风雪天气里向顶峰冲击(董范)

▲ 北京时间2014年2月9日上午11时45分,学校登山队(左起)李伦、宋红、陈刚、董范、牛小洪成功登顶乞力马扎罗峰,并在顶峰展示校旗

2014年9月22日　科修斯科峰

科修斯科峰，又译科西阿斯科山，位于澳大利亚新南威尔士州东南隅，海拔2228m，是澳大利亚大陆的最高点，顶部冬季积雪，有古冰川遗迹。该山峰虽然海拔比其他各洲最高峰要低很多，但变化莫测的天气也常给登山者带来意想不到的困难。

2014年9月17日，学校登山队从武汉出发赴澳大利亚。全队由董范（队长）、牛小洪（副队长）、李伦、德庆欧珠、次仁旦达、宋红、何鹏飞、马丽娟（女）、刘亚飞（队医）和邹瑾（记者）共10人组成。当地时间2014年9月22日下午3时52分（北京时间下午1时52分），全队10人全部登顶，顺利完成"7+2"登山科考第四站的计划。

▲ 9月22日，队员于凌晨出发冲顶，图为攀登途中

▲ 队员在冲顶途中更换装备

▲ 北京时间2014年9月22日下午1时52分,学校登山队成功登顶科修斯科峰。图为队员在峰顶展示校旗、国旗和队旗(左起:何鹏飞、德庆欧珠、董范、马丽娟、宋红、李伦)

2015年1月19日　阿空加瓜峰

阿空加瓜峰绰号"美洲巨人",位于南纬32°39'、西经70°01',海拔6962m,是南美洲第一高峰,同时也是世界上海拔最高的死火山,属于科迪勒拉山系的安第斯山脉南段,顶峰在阿根廷与智利交界的门多萨省,西翼延伸到智利圣地亚哥以北海岸低地。

2015年1月10日,队长董范同科考队长陈刚、副队长牛小洪以及队员李伦、德庆欧珠、次仁旦达、宋红、何鹏飞从北京出发踏上征服南美之巅的征程。当地时间1月19日凌晨,队员从海拔6000m的营地出发,冒着45m/s的强风开启冲顶之旅。最终,李伦、德庆欧珠、次仁旦达、宋红、何鹏飞5名队员于当地时间2015年1月19日中午12时整(北京时间晚上11时)成功登顶,圆满完成"7+2"登山科考第五站的计划。

▲ 前往过渡营地的途中。在巨大的山体面前,人类显得尤其渺小

▲ 1月15日,全队由过渡营地向大本营进发,该段行程14.5km,碎石密布,是这次攀登路线的难点之一

▲ 1月16日,队员在大本营周边进行适应性训练并配合陈刚教授开展相关科考活动(左起:陈刚、牛小洪、德庆欧珠、李伦、董范、次仁旦达、宋红)

▲ 天气突变,登山队决定从大本营出发提前冲顶,因前期运输工作未能实施,队员们平均负重超过18kg,加之海拔上升过快,攀登途中体力消耗很大。图为1月18日,队员负重前往海拔6000m的前进营地

▲ 1月19日凌晨4时，队员在寒风中向顶峰突击。山上风冷效应显著，山路冰岩混合，山势陡峭，道路崎岖，经过5小时的攀登，队员们到达海拔6500m的冲顶大风口

▶ 北京时间2015年1月19日晚上11时，学校登山队成功登顶阿空加瓜峰，并在顶峰展示队旗、国旗和校旗（左起：宋红、次仁旦达、李伦、何鹏飞、德庆欧珠）

2015年6月10日　迪纳利峰

迪纳利(Denali)在印第安语中的含意是"太阳之家"。为了纪念美国第25任总统威廉·麦金莱,该山峰曾易名麦金莱峰(Mount McKinley),2015年8月30日,美国总统奥巴马宣布将其恢复原名"迪纳利峰"(Mount Denali)。该峰位于美国阿拉斯加州的中南部,是阿拉斯加山脉的中段,海拔6193m,为北美洲第一高峰,攀登的相对高度约4000m,超过了珠峰,且山势险峻,气候寒冷,自然环境酷似北极,加之地球大气层越靠近两极越稀薄,迪纳利峰含氧量比珠峰更低,其挑战难度"堪比珠峰"。据统计,1803—2015年,共有3万多名登山者尝试攀登迪纳利峰,但仅半数到达山顶,85人遇难,其中不乏世界知名的登山家。

2015年5月27日,学校登山队踏上征程,31日抵达大本营并前往一号营地。当地时间2015年6月9日12时36分(北京时间6月10日凌晨4时36分),学校登山队德庆欧珠、宋红、次仁旦达3名队员成功登顶迪纳利之巅,成为当天唯一的登顶队伍。至此,学校"7+2"登山科考第六站计划圆满完成。

▲ 远眺迪纳利峰

第一部分　勇毅穿岁月，足迹印巅峰

▲ 5月31日，队员乘小型直升飞机抵达大本营，背着包、拖着雪橇结组向海拔2400m的一号营地进发

▲ 迪纳利地区有严格的环境保护办法，垃圾必须打包带回，进山物资和出山垃圾都需称重，登山过程中无后勤服务，包括食物在内的所有物资都需自带，故而队员需拖着行李物资负重前行

▲ 6月1日，队员向海拔2900m的二号营地进发，天气良好，沿途和远处山体清晰可见，蔚为壮观

▲ 6月5日,三号营地被大雪掩埋

▲ 6月2日,抵达海拔3350m的三号营地,当晚开始,山区普降大雪,队伍被困于此

第一部分 勇毅穿岁月，足迹印巅峰

◀ 6月6日，登山队耗时5小时23分钟，抵达海拔4330m的四号营地，营地旁就是雪崩区

◀ 6月8日，5人结组顶着狂风行进在危险重重的通往五号营地的途中，雪坡坡度很大，突然的狂风很可能造成行走在山脊线上的队员重心不稳以致发生翻滚和滑坠

▶ 6月9日，队员抓住预报的仅约4个小时的登山窗口期，与暴风雪比速度，向顶峰发起冲击（左起：宋红、德庆欧珠）

◀ 北京时间2015年6月10日凌晨4时36分,学校登山队3名队员德庆欧珠(右)、宋红(左)、次仁旦达成功登顶迪纳利峰,并在顶峰展示国旗

▶ 6月10日,队员从五号营地下撤,下撤途中,经历了部分装备、路标被大雪掩埋,暴风雪致能见度低、方向难辨几近迷路等情况,最终队员跟随持有GPS导向仪的友队安全抵达大本营。图为德庆欧珠行进在山脊线上

📍 2016年4月24日　北极点

北极点是指地球自转轴穿过地心与地球表面相交并指向北极星附近的交点,它是一个漂浮在北冰洋上浮动的点,只有用仪器才能精密地确定其位置。因北极点漂移不定,GPS定位也就因时间不同而变化,颇具神秘色彩。

北京时间2016年4月24日晚上9时57分,学校登山队董范(队长)、牛小洪(副队长)、陈晨、德庆欧珠、次仁旦达、何鹏飞6名队员抵达北极点,其间他们克服-40~-50℃的低温、凛冽的寒风以及随处可见的冰裂缝等恶劣环境,甚至出现冻伤和睡梦中差点掉入冰裂缝等危险情况,最终完成了"7+2"登山科考第七站的计划。

▲ 4月13日,队员由奥斯陆飞往朗伊尔城。该城市是研究极地的中心(斯巴瓦尔德大学),也是全球的种子基因库所在地,由挪威管理,却又不属于任何一个国家

◀ 朗伊尔城的北极熊数量甚至超过居民数量,时值北极熊饥饿觅食季节,离开小镇必须携带猎枪。图为队长董范在练习射击

▶ 4月17日,由朗伊尔城飞抵博内奥营地。因为冰况不稳定且逆向漂移,登山队取消在此过夜休息的计划,直接乘直升机飞往徒步起点

第一部分 勇毅穿岁月,足迹印巅峰

▲ 4月18日,冰川较昨日向北极点方向漂移了1.7km,为队员节省了部分徒步时间和体力。因对滑雪板不适应,队员们走起路来特别费劲,但脱掉雪板后雪杖插下去深不见底,且有可能掉进裂缝

▲ 因全球气候变暖,北极冰川融化严重,融化的冰川形成裂缝,又随着冰川的移动挤压形成了许多凹凸不平的小山丘,使得原本平坦的北极徒步变成了凹凸不平、裂缝密布的危险之旅(右起:牛小洪、何鹏飞)

▲ 冰裂缝使北极徒步危险丛生。行进在冰面较为破碎的冰水混合地带,随时都有可能掉进北冰洋;而如果遇到大的冰裂缝,队伍则必须绕行(左起:德庆欧珠、何鹏飞)

▲ 北京时间2016年4月24日晚9时57分,历时7天,学校登山队胜利抵达北极点(右起:次仁旦达、董范、陈晨、牛小洪、何鹏飞、德庆欧珠)

📍 2016年12月14日　文森峰

文森峰位于南纬78°35′、西经85°25′，海拔4897m，是南极洲最高峰，同时也是七大洲最高峰中最后一座被人类征服的高山，被称为"死亡地带"。1988年12月2日，校友李致新、王勇峰联合登顶文森峰，是中国人第一次踏上南极洲之巅。

北京时间2016年12月14日凌晨2时30分，学校登山队3名队员德庆欧珠、次仁旦达、何鹏飞成功登顶文森峰，圆满完成"7+2"登山科考第八站的计划。

▲ 12月8日，队员抵达联合冰川营地（左起：何鹏飞、次仁旦达、董范、牛小洪、德庆欧珠）

◀ 联合冰川营地的帐篷群

▲ 文森峰大本营。文森峰是世界上最干净的山峰,所有垃圾都不能乱丢,且只能在插有黄色旗杆的洞里小便,大便须储存在已准备好的袋子里带回大本营再用飞机运出去

第一部分　勇毅穿岁月，足迹印巅峰

◀ 12月9日，队员向海拔2700m的一号营地挺进，沿途冰裂缝密布

▼ 12月13日，队伍抓住短暂的时间窗口向顶峰发起进攻。冲顶途中，雾越来越浓，风越来越大

▶ 12月11日，队员从一号营地前往海拔3700m的二号营地，这段路是整个攀登路线中最困难的一段：一是坡度大，在45°~75°之间；二是布满冰裂缝

147

◀ 经过6小时25分钟的攀登，队员德庆欧珠（左）、次仁旦达、何鹏飞（右）终于在北京时间2016年12月14日凌晨2时30分成功登顶文森峰

▲ 队员严格遵守文森峰的环保规定，将垃圾带出山，背包后面的黑色塑料袋即为随身携带的垃圾

▲ 科学考察同步开展，陈刚教授在联合冰川作GNSS静态观测

📍 2016年12月25日　南极点

　　南极点位于南纬90°,徒步时周围气温可达－40～－60℃。在挑战极限中,挑战者不仅要应对千变万化的恶劣气候,还要全程负重前行,需要极大的体力、毅力和耐力。

　　学校登山队在完成文森峰的攀登后,稍事休整便立即投入到南极点的徒步科考活动中。当地时间2016年12月24日晚上7时16分(北京时间12月25日早上6时16分),学校登山队董范、牛小洪、陈刚、德庆欧珠、次仁旦达、何鹏飞6名队员胜利抵达南极点,完成了全部"7+2"登山科考计划,成为世界上首支由在校师生组队实现这一壮举的大学登山队,创造了中国高校体育运动史上的传奇。

▲ 南极徒步示意图

▲ 南极点一直在移动,每年12月31日,美国南极考察队都会通过精确测量获得新的南极点。图为2016年南极象征性极点标(立柱上的金属球),它同地理真极点标距离60余米

▲ 12月19日,队员从南极联合冰川营地飞往89°S的徒步起点,按照徒步南极点探险活动惯例,借助滑雪板向南极点行进1个纬度,全程超过100km。队员还在途中进行了相关标本和数据的采集。不同于凹凸不平的北极,南极完全平坦,一望无际,除了被大风肆虐过的痕迹,没有任何明显的参照物

▲ 由于防风外套不能将热气及时排出去,运动员面罩、衣领都结了冰,颇有圣诞老人的风采

第一部分　勇毅穿岁月，足迹印巅峰

◀ 队员脚踏雪板拖着沉重的装备在极寒环境下奋力向南极点挺进

▶ 北京时间2016年12月25日早上6时16分，学校登山队6名队员胜利抵达南极点，完成了全部"7+2"登山科考计划（左起：陈刚、牛小洪、董范、德庆欧珠、何鹏飞

◀ 队员在徒步途中进行了美国GPS、俄罗斯GLONASS、中国BDS三大卫星导航系统的静态和动态数据采集,观测接收了大量的极区高海拔地面监测和深空电离层变化监测资料,开展"3S"技术集成在极地冰貌环境与地壳动态过程中的应用研究工作。图为陈刚教授在南极点周边1km附近进行GNSS动态观测

▶ 2017年1月2日,登山队从南极凯旋,在机场受到社会各界的热烈欢迎

其他登山科考活动

📍 2015年10月27日　哒日峰

哒日峰位于西藏自治区当雄县境内，在藏语里意为"虎山"，在2015年尚为一座无人涉足的未登峰。海拔6330m，虽然海拔高度相对较低，但却为念青唐古拉山脉6000m级山峰中攀登难度最大的雪山之一：地形复杂，坡度大，碎石多，行进距离长，没有现成的攀登路线。

▲ 哒日峰临近顶端的山脊线

2015年10月，中国地质大学（武汉）与日本神户大学联合登山队向哒日峰发起冲击。10月15日，董范、牛小洪、德庆欧珠、宋红、何鹏飞、赵佳明、杨炳倩（女）、李林峰等9名中方队员与7名日方队员（其中有1名女性）在拉萨集结，并于19日按计划由临时营地徒步前往海拔5300m的大本营。之后登山队员多次往返于大本营和一号营地之间，将登山装备、食品、帐篷等送达一号营地，并派两名队员轻装出发，按照网络搜索的地图进行攀登路线和营地建设的考察工作。根据勘察情况，最终联合登山队决定放弃建立二号营地的设想，直接从一号营地出发攻顶。10月27日凌晨4时，5名队员（其中中方3名队员：德庆欧珠、宋红、赵佳明）向顶峰发起冲击，并于上午9时10分成功登顶。

此次联合攀登行动是继1988年两校登山队联合攀登雀儿山、2009年联合攀登岗日嘎布山群若尼Ⅱ峰之后的第三次联合攀登活动。

▲ 从大本营出发攀爬冰壁

▲ 队员冲顶途中

▲ 2015年10月27日上午9时10分,学校登山队德庆欧珠(右三)、宋红(右二)、赵佳明(右一)与日本神户大学2名队员成功登顶哒日峰

2018年7月21—26日　岗什卡雪峰卫峰

2018年7月21日至7月26日，由中国登山协会主办，中国地质大学（武汉）、青海省体育局承办的2018海峡两岸青少年登山交流活动在青海省门源县岗什卡雪峰举行。

此次海峡两岸青少年登山交流活动以学习登山知识技能为主线，在6天的时间里，海峡两岸大学生联合登山队进行了冰坡行走、滑坠制动等登山技能的交流与训练，并于7月24日成功登顶海拔5005m的岗什卡雪峰卫峰，期间还开展了登山历史、科学开展户外运动等主题的知识讲座。

▼ 远眺岗什卡雪峰，房屋为大本营

▶ 次落（左二）指导队员作冰坡行走训练

◀ 队员在训练途中

◀ 队员冲顶途中

▼ 队员在顶峰合影

2019年7月4—5日　慕士塔格峰

2019年，一群热爱登山的中国地质大学师生，经过一年的科学筹备后向慕士塔格峰发起冲击。在此之前，相关成员组成净峰者登山队，旨在传承地大登山传统，发扬地大登山精神，宣传高山环保理念，共同攀登了多座不同类型的山峰，为更高海拔的攀登蓄力。

2019年6月21日，净峰者登山队开始向慕士塔格峰行进。7月4日上午9时45分，经过近10个小时的攀登，第一批成员李元（队长）、常洪标、田兵兵、杜杨婷（女）、张国文、王康茂成功登顶。7月5日上午9时32分，第二批成员刘明坤、吴思阳（女）、李郑迪、黄婧（女）、张博华成功登顶。全队于7月5日安全撤回大本营，圆满完成了此次攀登活动。

▲ 从卡拉库勒湖岸边远眺慕士塔格峰，山体巨大，顶峰清晰可见

◀ 一场大雪将大本营覆盖

◀ 从一号营地至二号营地途中冰裂缝密布

第一部分　勇毅穿岁月，足迹印巅峰

▲ 队员通过雪桥，雪桥两侧便是深不见底的冰裂缝

◀ 7月4日,李元(中,队长)、常洪标(右)、田兵兵(左)、杜杨婷、张国文、王康茂6位师生首批登顶慕士塔格峰

▼ 7月5日,全体队员登顶后下撤至大本营(后排左起:刘明坤、杜杨婷、田兵兵、张国文、吴思阳、李元、黄婧、张博华、常洪标,前排左起:李郑迪、王康茂)

2020年5月27日　珠峰高程测量

珠峰是喜马拉雅山地区地壳隆升的结果,至今地壳运动依然没有结束,珠峰仍以大约10mm/a的速度上升。据不完全统计,2020年之前世界各国共对珠峰进行过14次测量和科考,其中中国开展的次数最多,共7次。珠峰必须由人亲自登顶开展测量,由于低温、低压、缺氧和变幻莫测的天气影响,登顶珠峰绝非易事,测量仪器也必须经过特殊处理才能正常运行。恶劣的自然环境迫使登顶人员必须在较短时间内完成测量操作同时确保数据质量,因此珠峰测量的难度非常大。

2020年5月27日上午11时,珠峰高程测量登山队队长次落、攀登队队长袁复栋带领队员李富庆、普布顿珠、次仁平措、次仁罗布、洛桑顿珠成功登顶珠穆朗玛峰,并在峰顶竖立觇标,安装GNSS天线,开展各项测量工作。

在此次珠峰高程测量的42名前线指挥和登山队员中,有一支强大的地大力量:顾问李致新,总指挥王勇峰,副总指挥张志坚,登山队队长次落(登顶),攀登队队长袁复栋(登顶),队员陈刚、宋红、李璞、赵岩等,其中,陈刚为学校海洋学院教授,宋红、李璞为学校职工。此外,德庆欧珠、次仁旦达和赵佳明3名校友作为登山后勤保障人员也参加了此次活动。

在登山队科学测量的基础上,科研人员经过数月的精准核算终于计算出基于全球高程基准的珠峰雪面高程。2020年12月8日,国家主席习近平同尼泊尔总统班达里互致信函,并同班达里总统一道,代表中尼两国向全世界正式宣布,珠穆朗玛峰的最新高程为8848.86m。2021年2月27日,珠峰高程测量入选"2020年中国科学十大进展"。

珠峰测量,是测绘技术的大规模集成,更是中国人不畏艰险、勇于攀登的象征,是中国力量、中国精神的生动写照。珠峰高程的精确测定,为全球气候变化、冰川监测、生态环境保护等方面的研究提供了第一手资料,为世界地球科学研究作出了重大贡献。2020年,正值人类首次从北坡登顶珠峰60周年,也是中国和尼泊尔建交65周年,中国首次精确测定并公布珠峰高程45周年,因此,此次珠峰高程测量还具有重要的历史意义。

▲ 参加2020珠峰高程测量的学校部分师生校友在珠峰大本营合影。时值新型冠状病毒肺炎肆虐，队员们为中国加油，为武汉加油（前排左起：袁复栋、赵岩、宋红、李璞，后排左起：赵佳明、次落、王勇峰、张志坚、陈刚、德庆欧珠）

▶ 此次攀登活动是登山运动同科学考察的又一次强强联手，自然资源部第一大地测量队（简称国测一大队）负责为重测珠峰提供技术支撑。陈刚教授被聘为国测一大队副总工程师，作为12名冲顶队员中唯一的测绘专家，携带设备完成了多次测量工作。图为陈刚（左二）指导队员使用测量仪器

第一部分　勇毅穿岁月，足迹印巅峰

▲ 5月16日，董范教授（左）受学校党委书记黄晓玫、校长王焰新的委托，赴珠峰大本营慰问参加珠峰高程测量的校友师生。图为董范宣读慰问信

▲ 学校党委书记黄晓玫、校长王焰新致2020珠峰高程测量登山队地大校友的慰问信

◀ 队员行进在东绒布冰川冰塔林间

▲ 修路队员及运输队员在北坳冰壁上前行

◀ 陈刚教授在海拔7028m的一号营地

第一部分　勇毅穿岁月，足迹印巅峰

▲ 队员离开海拔 7790m 营地，向上挺进

▶ 中国登山协会致学校的感谢信

▲ 2020年5月27日,队员登顶,次落、袁复栋与其他6名队员和2名高山摄像师在珠峰合影。登顶后,队员迅速投入到紧张的顶峰测量工作中,创造了中国人在珠峰之巅停留时长新纪录——150分钟

第二部分
山高人为峰,登极志更高

自北京地质学院时期至今,学校共为国家培养了7000多名登山人才,输送了大批登山运动健将与登山运动管理精英,撑起了中国登山界的半壁江山,被誉为攀登者的"黄埔军校"。此外还有众多地大攀登者甘做"铺路石"、甘架"凌云梯"、甘当"孺子牛",以"牺牲小我成就大我"的胸怀,"功成不必在我,功成必定有我"的担当和"我将无我,不负人民"的境界助力队友登达顶峰,他们并未出现在山峰之巅甚至并未活跃在登山界,而是为祖国地质事业和地质教育事业的发展徒步丈量高原山川、一生坚守三尺讲台,勇当先行者,甘做螺丝钉,我们同样为他们喝彩、感动、感恩!我们应该铭记他们的名字——

王大纯,朱上庆,张倬元,王富洲,袁扬,石竞,彭淑力,刘肇昌,何诲之,孙文鹏,丛珍,王贵华,纪克诚,白进孝,艾顺奉,朱发荣,仲禹,李并才,周泉英,李绥远,胡海燕,韩俊杰,汪铁铭,张康富,张子亮,董林竹,见秋,黄桥,周聘渭,王洪宝,李智陵,强祖基,刘东鲁,李玉柱,毕先梅,尚子平,金庆民,朱鸿,陈贵和,王金娥,苏大安,陶光伟,李致新,王勇峰,佟璐,郭铁鹰,郭兴,梁定益,莫宣学,池三川,赵崇贺,聂泽同,赵温霞,韦念龙,刘学山,薛君治,李高腾,张志坚,马欣祥,董范,庄小丽,段连秀,熊继平,熊昌进,孙昭民,刘强,宋玉玲,宋忠保,常林昌,刘亚飞,童德卿,孟宪国,包德清,张军,郑超,张伟,次落,袁复栋,陈刚,李德威,吴瑞棠,卢顺容,牛小洪,李元,德庆欧珠,次仁旦达,张瑜,高琳,陈晨,宋红,何鹏飞,梁奕世,李璞,赵岩,赵佳明,曹志凯,温秋园,吴东,温旭,马超,莫衍超,张家荣,李扬,马丽娟,李伦,贺然,杨炳倩,李林峰……

鉴于篇幅所限,本书仅对荣获登山运动健将称号的师生校友作简要介绍。

建校以来荣获登山运动健将称号的师生校友名单（截至2022年）

序号	姓名	性别	时间	等级
1	彭淑力	男	1958年	国家级登山运动健将
2	王富洲	男	1959年	国家级登山运动健将
3	石竞	男	1959年	国家级登山运动健将
4	袁扬	女	1959年	国家级登山运动健将
5	王贵华	女	1959年	国家级登山运动健将
6	丛珍	女	1959年	国家级登山运动健将
7	王洪宝	男	1975年	国家级登山运动健将
8	李致新	男	1988年	国际级登山运动健将
9	佟璐	女	1990年	国际级登山运动健将
10	王勇峰	男	1993年	国际级登山运动健将
11	次落	男	1998年	国际级登山运动健将
12	袁复栋	男	2008年	国家级登山运动健将
13	次仁旦达	男	2008年	国家级登山运动健将
14	德庆欧珠	男	2008年	国家级登山运动健将
15	张瑜	男	2008年	国家级登山运动健将
16	高琳	女	2008年	国家级登山运动健将
17	董范	男	2012年	国家级登山运动健将
18	陈晨	女	2012年	国家级登山运动健将
19	陈刚	男	2022年	国家级登山运动健将

彭淑力

彭淑力，男，1930年生，学校矿产地质及勘探系1957级学生，国家级登山运动健将。1955年参与组建中国首支登山队——中华全国总工会登山队，任翻译、队员。1956年登顶太白山、慕士塔格峰等，参与了1958年攀登列宁峰和莫斯科-北京峰、1958年考察珠峰、1960年攀登珠峰、1975年攀登珠峰等重大活动。

▲ 彭淑力

王富洲

王富洲，男，1935年生，学校燃料矿产及勘探系1958届毕业生，国家级登山运动健将，曾任国家体育总局登山运动管理中心主任、中国登山协会主席、中国国际体育旅游公司总经理等职务。1960年5月，作为突击队队长，同贡布、屈银华创造了人类首次从北坡登顶珠峰的壮举。此外，还于1958年登顶列宁峰，1959年登顶慕士塔格峰，1964年登顶希夏邦马峰，参与了1958年考察珠峰、1975年攀登珠峰等重大活动。

▲ 王富洲

石竞

石竞，男，学校燃料矿产及勘探系1958届毕业生，国家级登山运动健将。1958年登顶列宁峰、莫斯科－北京峰，1959年登顶慕士塔格峰，1960年参加攀登珠穆朗玛峰，抵达海拔8500m高度，还参与了1958年考察珠峰、1961年攀登公格尔九别峰、1964年攀登希夏邦马峰等重大活动。

▲ 1958年，石竞与登山队友合影（前排左起：胡本铭、石竞，后排左起：彭淑力、刘肇昌）
（毛星秀提供）

袁扬

袁扬，女，1934年生，学校矿产地质及勘探系1956届毕业生，毕业后曾留校任普通地质教研室助教。国家级登山运动健将，中国女子登山队首任队长。参与了1958年攀登七一冰川和列宁峰、1959年攀登慕士塔格峰、1961年攀登公格尔九别峰等重大活动。

▲ 袁扬

第二部分 山高人为峰，登极志更高

王贵华

王贵华，女，1937年生，学校矿产地质及勘探系1957级学生，国家级登山运动健将。1959年登顶慕士塔格峰，参与了1961年攀登公格尔九别峰等重大活动。

▲ 王贵华

丛珍

丛珍，女，1936年生，学校水文地质及工程地质系1958级学生，国家级登山运动健将。1959年登顶慕士塔格峰，并参与了1960年攀登珠峰、1961年攀登公格尔九别峰等重大活动。

▲ 丛珍

王洪宝

王洪宝,男,学校普查系 1958 级学生,国家级登山运动健将。1960 年登顶阿尼玛卿 Ⅱ 峰,1977 年登顶海拔 7743m 的托木尔峰,参与了 1961 年攀登公格尔九别峰、1964 年攀登希夏邦马峰、1975 年攀登珠峰等重大活动。

▲ 王洪宝(中,跳舞者)

李致新

李致新,男,1962 年生,学校水文地质与工程地质专业 1985 届毕业生,构造地质学专业 2004 届硕士,国际级登山运动健将,中国登山协会主席,国际攀联副主席,曾任国家体育总局登山运动管理中心主任。1988 年,在中日尼三国运动员双跨珠峰活动中,从北坡登顶珠峰。此后 11 年,他同"黄金搭档"王勇峰一起,完成了登顶七大洲最高峰的壮举。

▲ 李致新
(图引自:赵彧,2016)

第二部分　山高人为峰，登极志更高

▲ 1988年，中日尼三国登山队员实现了南北两侧双向跨越珠峰的壮举，在这场规模空前的国际合作登山活动中，李致新于5月5日从北侧登顶珠峰，成为4名登顶的中国队员中唯一的汉族队员。图为李致新在珠峰之巅
（中国登山协会提供）

▲ 1999年5月23日13点25分，李致新、王勇峰登顶大洋洲最高峰查亚峰。至此，他们完成了攀登世界七大洲最高峰的挑战
（中国登山协会提供）

佟璐

佟璐，女，1962年生，学校岩石矿物学专业1984届毕业生，国际级登山运动健将。1987年登顶海拔7367m的拉布吉康峰，1990年登顶希夏邦马峰，是我国第一位登上8000m以上独立山峰的汉族女性。

▲ 佟璐
（图引自：胡燕生等，2012）

王勇峰

王勇峰，男，1963年生，学校水文与工程地质专业1984届毕业生，构造地质学专业2004届硕士，国际级登山运动健将，国家体育总局登山运动管理中心副主任，中国登山协会副主席，中国登山队队长。1993年、2003年、2008年3次登顶珠峰，多次参与并指挥国家重大登山活动。2005年12月16日，王勇峰、次落等徒步抵达南极点，成为首批完成"7+2"极限挑战项目的中国人。

▲ 王勇峰
（图引自：吴偯，2016）

▲ 1993年5月5日，海峡两岸珠峰联合登山队王勇峰（左二）、吴锦雄、普布、开村、其米、加措6人成功登顶珠峰
（中国登山协会提供）

▲ 2005年12月16日，王勇峰（右三）、次落（左一）、刘建徒步抵达南极点，成为首批完成"7+2"探险活动的中国人。此前，全世界仅有5人完成了"7+2"这一壮举
（次落提供）

次落

次落,男,1974年生,藏族,学校城市工程物探专业1999届毕业生,体育教育训练学专业2014届硕士,国际级登山运动健将,中国登山协会高山探险部主任,中国登山队副队长,最早完成"7+2"极限挑战项目的中国人之一。1998年登顶珠峰,成为中国首位登顶世界之巅的在校大学生,此后于2007年、2008年、2020年数次登顶珠峰,并多次组织和参与国家重大登山活动。

▲ 次落
(图引自:史卫静,2020)

▲ 2005年12月16日,次落徒步抵达南极点,同王勇峰、刘建成为首批完成"7+2"探险活动的中国人
(次落提供)

袁复栋

袁复栋,男,1985年生,汉族,国家级登山运动健将,学校机械设计制造及其自动化专业2009届本科毕业生,高等教育学专业2012届硕士,公共管理学2019级博士生。2008年作为北京奥运火炬珠峰传递活动火炬手成功登顶珠峰,同年10月登顶卓奥友峰,成为第一个一年内登顶两座海拔8000m以上山峰的在校大学生。2012年登顶巴基斯坦境内海拔7027m的斯潘蒂克峰,2013年登顶慕士塔格峰,2020年作为攀登队长再次登顶珠峰并同队员一起完成高程测量任务。

▲ 袁复栋
(图引自:史卫静,2020)

次仁旦达

次仁旦达,男,藏族,1987年生,学校广播电视新闻专业2012届本科毕业生,艺术设计专业2017届硕士,国家级登山运动健将。于2005年、2007年、2008年、2012年四次登顶珠峰,2012—2016年在校期间,作为主力队员完成了"7+2"挑战地球九极的活动,同队友德庆欧珠二人成为全球完成"7+2"极限挑战项目最年轻的队员。

▲ 次仁旦达

第二部分　山高人为峰，登极志更高

德庆欧珠

德庆欧珠，男，藏族，1987年生，学校行政管理专业2012届本科毕业生，体育教育训练学专业2017届硕士毕业生，国家级登山运动健将。2006年、2007年、2008年、2012年、2022年先后五次登顶珠峰，在校期间完成了"7+2"挑战地球九极的活动。

▲ 德庆欧珠

张瑜

张瑜，男，1984年生，学校社会体育专业2009届本科毕业生，体育教育训练学专业2012届硕士毕业生，国家级登山运动健将。2008年登顶卓奥友峰。多次组织和攀登雀儿山、慕士塔格峰、卓奥友峰、珠峰等。

▲ 张瑜

高琳

高琳，女，1987年生，学校社会体育专业2009届本科毕业生，体育教育训练学专业2012届硕士毕业生，国家级登山运动健将。2008年登顶卓奥友峰，参与了2007年攀登玉珠峰、2012年攀登珠峰、2018年攀登乞力马扎罗峰等活动。

▲ 高琳

董范

董范，男，1961年生，教授，国家级登山运动健将，中国登山户外运动学院院长，曾任学校体育学院院长。2012年指导学校登山队攀登珠峰并作为冲顶队员成功登顶，2012—2016年领导学校登山队完成挑战地球九极的登山科考活动，曾参与1988年攀登雀儿山、2008年攀登卓奥友峰等活动并成功登顶。

▲ 董范

第二部分 山高人为峰,登极志更高

陈晨

陈晨,女,1987年生,学校社会体育专业2011届本科毕业生,体育教育训练学专业2014届硕士毕业生,思想政治教育专业2023届博士毕业生,国家级登山运动健将。2012年登顶珠峰,成为国内首位登顶世界之巅的在校女生,2013年登顶厄尔布鲁士峰,2016年徒步抵达北极点。

▲ 陈晨

▲ 2013年5月4日在"实现中国梦 青春勇担当"主题团日座谈会上,习近平总书记勉励陈晨要"勇往直前,不断地攀上人生新的高峰"。图为陈晨在座谈会上发言

陈刚

陈刚，男，1971年生，教授，博士生导师，学校海洋学院副院长，国家级登山运动健将。2022年登顶珠峰，并于2019年登顶慕士塔格峰、2016年徒步抵达南极点、2014年登顶乞力马扎罗峰。任学校"7+2"登山科考队长，圆满完成科考任务。2008年作为测绘专家，第一时间奔赴汶川赈灾一线，为科技抗震救灾提供宝贵资料。2008年以来，先后20次出入青藏高原羌塘、可可西里无人区，一直冲在地壳运动研究的最前沿。2020年，受聘为国测一大队副总工程师参与并完成珠峰高程测量工作，是12名冲顶队员中唯一的测绘专家。

▲ 陈刚

后 记

早在2017年就起意梳理学校的登山发展历史,因为2016学校登山队已经完成了挑战地球九极的壮举,同时2018年又是学校登山队成立60周年,但由于史料缺乏、时间有限、疫情暴发等种种原因,书稿竟迟迟至2021年才完成。

这期间,我们多次赴国家体育总局登山运动管理中心(中国登山协会)查询档案和史料,也频频赴北京、成都等地,拜访袁扬、丛珍、刘肇昌家属(夫人:毛星秀,子女:刘晓杰,刘晓群,刘晓玲)、张志坚、马欣祥、胡燕生、郭铁鹰、梁定益、郭兴等登山科考界前辈,在校内更是得到了杨巍然、陈刚、李元、王国灿、何鹏飞、包德清、韦念龙、宋红、常洪标、李龙敏等老师和同学的大力支持,也受到次落、陈晨、张瑜、高琳等校友的鼎力协助,在此一并表示感谢!没有各位前辈和校友的相助,就没有如此翔实的史料,也就无法呈现学校登山科考历史全貌。

在学校登山运动起步初期,多为师生参加国家体育运动委员会组织的国家行动,故而学校档案馆馆藏史料十分缺乏。感谢国家体育总局登山运动管理中心(中国登山协会)和《山野》杂志社,为我们提供了很多史料,尤其是北京地质学院时期的登山史料,填补了相关空白。

由刘锐、董范、喻芒清主编的《登峰造极》一书详细介绍了学校"7+2"攀登科考活动,图文并茂,史料翔实。经授权,本书中有关"7+2"登山科考的相关内容参考了此书,并结合董范、陈刚、何鹏飞、宋红等亲历者的回忆撰写而成。

虽然历经数年,四处寻访才终成此书,但因编者能力所限,官方史料缺乏,加之历史事件时间久远且多位登山科考亲历者已逝,以致此书内容尚不完备,必有错漏之处,还请各位登山前辈、广大校友和读者批评指正。

本书中有关山峰的名称,主要参照2005年由中国登山协会、中国体育报业总社、人民体育出版社、北京中体音像出版社联合出版的《风雪五十载——纪念中国现代登山运动50周年》。本书有关山峰高程的数据,主要引自相关历史资料,因历史原因,基本未对高程数据做更改。

写就此书,心中不免诸多感慨和遗憾。一是未能及时寻访登山校友,王富洲、彭淑力、刘肇昌等学校登山科考先驱相继离世,他们所亲历的光辉岁月和感人故事无法全面通过此书传递给各位读者。二是因笔者水平和本书体例所限,书中仅记录了登山活动的大致经过,缺乏更多细节,无法全面深入表现地大攀登者的坚守、果敢和取舍间的大义。三是因篇幅所限,部分登山活动并未单列,主要列举攀登海拔5000m以上的山峰以及未登峰和其他在学校登山史上具有重要意义的活动,如学校首次组织的登山活动,此外,还无法对各阶段的登山科考人员作一一介绍。但也正是有这诸多遗憾,我们才有不断完善、不断奋进的动力,也许,弥补遗憾,就是我们下次再见的初心。

致敬所有地大攀登者!

编 者

2021年8月21日

主要参考文献

图书

中华人民共和国第一届运动会宣传部. 中华人民共和国第一届运动会纪念册[M]. 北京:人民体育出版社,1960.

中国登山运动[M]. 北京:人民体育出版社,1964.

希夏邦马峰科学考察队. 希夏邦马峰科学考察图片集[M]. 北京:科学出版社,1966.

再次登上珠穆朗玛峰[M]. 北京:外文出版社,1975.

中日友好纳木那尼联合登山队. 纳木那尼[M]. 东京:每日新闻社出版局,1986.

纪克诚. 阿尼玛卿——科学考察与登山探险[M]. 武汉:中国地质大学出版社,1989.

张彩珍. 中国登山运动史[M]. 武汉:武汉出版社,1993.

《风雪五十载》编委会. 风雪五十载——纪念中国现代登山运动50周年[M]. 北京:人民体育出版社,2005.

中国地质大学(武汉)宣传部. 甲子积淀 世纪腾飞[M]. 武汉:武汉出版社,2012.

胡燕生,李致新,董范,等. 体育华章——中国地质大学60年体育掠影(1952-2012)[M]. 武汉:中国地质大学出版社有限责任公司,2012.

刘锐,董范,李素矿. 山高人为峰——攀登珠峰[M]. 武汉:中国地质大学出版社,2014.

李致新,陈凤贤,卢杰,等. 体育人生——祝胡燕生教授八十华诞暨从事体育工作五十五年[M]. 武汉:中国地质大学出版社,2015.

翁庆章. 一次未公开的珠峰探险——1958年中苏联合登山队侦察组考察珠峰始末纪实[M]. 北京:中国文史出版社,2017.

卢晓沭. 珠峰北坡 极地使命[M]. 北京:北京出版集团公司、北京人民出版社,2017.

刘锐,董范,喻芒清. 登峰造极[M]. 武汉:中国地质大学出版社,2017.

梁定益. 拥抱西藏:中国地质大学西藏科考队地质生活叙事诗[M]. 北京:地质出版社,2018.

期刊

赵彧. 中国登山队60年大事记[J]. 山野,2016(6):20-35.

袁复栋. 袁复栋:被登山改变的多彩人生[J]. 山野,2016(6):64-67.

玄天. 翁庆章:登山改变了我的人生轨迹[J]. 山野,2016(6):52-55.

赵彧. 李致新:新时代要满足群众多元化需求[J]. 山野,2016(6):56-57.

吴俣. 王勇峰:命中注定登高峰[J]. 山野,2016(6):58-59.

朱叶. 三代教练推动攀岩专业人才培养进程[J]. 山野,2017(11):44-47.

史卫静. 外高加索学校[J]. 山野,2019(11):56-59.

小毛驴. 光荣之路[J]. 山野,2019(11):28-31.

徐时雨. 王富洲:舍命无我 生死攀登[J]. 山野,2019(11):34-36.

史卫静. 袁复栋:接过传承登山精神的接力棒[J]. 山野,2020(7):60-65.

史卫静. 次落:珠峰不只如初见[J]. 山野,2020(7):54-59.

史卫静. 王勇峰:总指挥的高度[J]. 山野,2020(7):48-53.

周欣. 为登山队员喝彩 珠峰登顶意义大不同——专访中国登山协会主席李致新[J]. 山野,2020(7):42-45.

史卫静. 李国鹏:最宝贵的财富是精神[J]. 山野,2020(7):76-82.

史卫静. 中国人的珠峰交响曲[J]. 山野,2020(7):32-40.

网络

中国攀岩 三十而立. [EB/OL]. [2021-04-12]. https://www.sohu.com/a/202992299_723302.

刘强. 四十六年前的回忆——图说1975年珠峰登山科考[EB/OL]. [2021-10-25]. https://www.163.com/dy/article/GB2LV33A05318Y5M.html.

嘉峪关——七一冰川[EB/OL]. [2021-10-18]. https://www.sohu.com/a/224939990_100119082.

对不起,其实我还在路上[EB/OL]. [2021-09-15]. https://www.jianshu.com/p/30206b1adadc?utm_campaign=maleskine&utm_content=note&utm_medium=seo_notes&utm_source=recommendation.

其他

Conquering the Father of the Ice Mountains(内部出版物)

翁庆章. 我和山——翁庆章影集 登山篇. 2001(未公开出版)

图书在版编目(CIP)数据

中国地质大学登山图史/帅斌,苏玉微,董范编著. —武汉:中国地质大学出版社,2024.11. —ISBN 978-7-5625-6076-0

Ⅰ.G881-092

中国国家版本馆CIP数据核字第2024T48G17号

中国地质大学登山图史	帅　斌　苏玉微　董　范　编著
责任编辑:郑济飞	责任校对:张咏梅
出版发行:中国地质大学出版社(武汉市洪山区鲁磨路388号)	邮政编码:430074
电　　话:(027)67883511　　传　　真:(027)67883580	E-mail:cbb@cug.edu.cn
经　　销:全国新华书店	https://cugp.cug.edu.cn
开本:787毫米×1092毫米　1/12	字数:460千字　印张:17
版次:2024年11月第1版	印次:2024年11月第1次印刷
印刷:武汉中远印务有限公司	
ISBN 978-7-5625-6076-0	定价:168.00元

如有印装质量问题请与印刷厂联系调换